Même pas grave !

OLIVIER REVOL

Même pas grave !

L'échec scolaire, ça se soigne

J'AI LU

Bien-être

Avant-propos

Eliott, Malik, Antoine et les autres existent, je les ai tous rencontrés. À la demande de médecins, d'enseignants ou de parents en quête de solutions.

Seuls leurs prénoms ont été modifiés pour respecter l'anonymat de ces enfants comme les autres, mais malades de l'école.

Leur parcours est exemplaire. Ce témoignage voudrait être utile non seulement aux parents désemparés, mais aussi aux frères et sœurs, aux familles et à tous ceux qui luttent pour que la scolarité d'un proche cesse d'être un cauchemar. Pour qu'elle redevienne une source de plaisir. Plaisir d'apprendre, de jouer, de grandir...

Cette observation attentive de nos jeunes patients ne pourrait se faire sans l'aide de toute une équipe, puéricultrices, psychologues, rééducateurs, auxquels il faut rendre hommage. Chaque voix compte lorsqu'il s'agit de tout voir, tout comprendre, tout donner.

Pour que l'échec scolaire ne soit plus jamais une fatalité.

I

MALADES DE L'ÉCOLE

« Docteur, j'en peux plus… »

Lundi 10 heures.

Le téléphone sonne. C'est parti pour deux heures non-stop.

Parents, enseignants ou médecins qui le souhaitent peuvent me joindre. Pour la plupart je ne les connais pas. Ils attendent un avis, un conseil, un échange. Une décision, que nous prenons ensemble en cas d'urgence. Et ce dialogue est précieux. Il pare au plus pressé, souvent il libère et rassure. Il préserve le lien avec mes patients sur lesquels je garde un œil. Évite même un déplacement à ceux qui habitent loin. Et parfois me fait craquer. Quand j'entends une petite voix se présenter et me dire : « Dis, tu vas être content, j'ai eu de bonnes notes… »

Cette consultation « en ligne » est une idée dont je me félicite. Même si c'est une goutte d'eau dans un océan, et qui me laisse chaque fois groggy face à l'ampleur des attentes.

Au bout du fil, les tranches de vie se succèdent. Les voix expriment tour à tour le chagrin ou la colère. Elles racontent. Le ras-le-bol, les galères, l'impasse... et puis parfois elles explosent de joie. Un progrès, une solution, une issue. Ces appels, qui vont du plus déprimant au plus encourageant, me touchent autant qu'ils me motivent et me passionnent. Cela fait des années que ça dure. Et pourtant jamais ils ne cesseront de m'étonner. Chacune de mes semaines commence ainsi. Et ces deux heures sont sacrées.

« Docteur, le CP de Kévin démarre très mal. La maîtresse ne supporte pas son agitation. On a déjà été convoqués deux fois depuis la rentrée. Elle veut le montrer au psychologue scolaire avant les vacances de Toussaint. Que doit-on faire ? »

« Docteur, Aurélie ne veut plus aller au collège. Chaque matin elle se plaint de maux de ventre, elle dit aussi que les cours sont trop durs pour elle. Pourtant jusque-là elle n'a jamais eu de problèmes. Pouvez-vous faire quelque chose ? »

« Docteur, j'en peux plus... Mon fils Oscar vient encore de se faire renvoyer de l'école, je ne sais plus où le mettre ! Plus personne n'en veut car il refuse de faire le moindre effort et pourtant il a les capacités nécessaires pour suivre en classe. J'ai déjà fait le tour des médecins et ils ne lui ont rien trouvé, pouvez-vous m'aider ? »

J'ai du mal à rassurer ces mamans, j'essaie de leur donner quelques pistes avant de les recevoir avec leur enfant. Malheureusement pas avant quelques semaines, la liste d'attente ne cesse de s'étirer. Des pages noircies de rendez-vous pour cause de démêlés avec l'école. Des piles de dossiers de parents qui ont vu se fermer une à une les portes des établissements et qui en désespoir de cause se tournent vers le médecin. Le supplient de faire quelque chose. L'hospitaliser s'il le faut.

Entre les coups de fil qui s'enchaînent, une vingtaine en deux heures, se glisse parfois une bonne nouvelle.

« Elle est moins impulsive, elle arrive à mieux se contrôler et ses résultats sont en train de remonter la pente, le médicament que vous lui avez donné y est sans doute pour quelque chose, il est peut-être en train de sauver sa scolarité... »

J'ai aussi toujours un œil sur les cahiers de mes petits patients. La courbe de leurs notes suit souvent celle de leur santé psychique. J'ai tendance à penser « bien dans sa tête, bien dans son école... ».

« Lucas manque encore de concentration et il est toujours un peu lent mais il a de meilleurs résultats, je vous envoie son bulletin scolaire... »

Avec l'accord des parents, c'est la directrice du collège de Mathilde qui m'appelle : « Mon souci avec Mathilde, c'est son comportement. Elle est à part. Elle panique et n'est pas sûre d'elle. Je suis inquiète pour son passage en quatrième... je me demande si je ne devrais pas l'orienter vers une filière technique... ? »

J'aime le contact avec les enseignants. Leurs appréciations sur les enfants sont indispensables dans l'élaboration des diagnostics. Eux-mêmes tiennent compte de mon avis, comme lorsque je suggère de renoncer au redoublement pour raisons médicales. À condition bien sûr qu'ils comprennent pourquoi. Aussi je prends soin de leur expliquer longuement mes conclusions.

Il y a aussi les rechutes. Les enfants dont je m'occupe sont fragiles et ils ont souvent besoin d'un coup de main à chaque étape importante de leur cursus scolaire.

« Docteur, vous avez vu mon fils il y a quelques années, il avait des problèmes en CP. Ça allait bien jusqu'à son entrée en sixième. Mais depuis, je ne comprends pas ce qui se passe, il fait tout de travers et il décroche à nouveau à l'école… »

Je me souviens bien de Yannick, c'est un grand anxieux mais tout à fait capable de suivre une sixième. Je vais essayer de le glisser entre deux rendez-vous. Il faut absolument que je lui parle.

Médecins généralistes et pédiatres sont des observateurs attentifs, souvent en première ligne :

« Salut Olivier, j'ai un de mes petits patients qui aurait besoin de tes services. Je viens d'examiner Diego à la demande de sa maman car la maternelle parle de le mettre à la porte. Je ne m'explique pas ses colères et son agressivité à l'égard de ses camarades qu'il mord fréquemment. Je crois que cela relève plutôt de tes compétences. Peux-tu m'aider ? »

Et les orthophonistes sont bien sûr des collaboratrices précieuses : « Bonjour, j'ai Thibaut en rééducation pour sa dyslexie. Actuellement on n'avance plus et la maîtresse trouve qu'il lit moins bien. Je me demande s'il n'y a pas autre chose... Pouvez-vous proposer un bilan complet ? »

Sans parler du sprint de fin d'année :

« Docteur, c'est urgent. Le conseil de classe a lieu lundi. Est-ce que vous pensez qu'Hugo va supporter un éventuel redoublement, ou dois-je forcer le passage ? »

« Lancelot n'a pas obtenu son passage. Visiblement ils n'ont pas compris ses efforts. La commission d'appel se réunit jeudi, pouvez-vous me faire un courrier pour expliquer ses lacunes ? »

« Docteur, ma fille est en seconde, ça ne marche pas très fort. Au collège on me dit qu'elle doit redoubler, qu'elle n'est pas au niveau. On m'a parlé d'évaluation intellectuelle, alors pourriez-vous m'indiquer où je dois m'adresser ? »

C'est aussi notre rôle de répondre aux questions d'ordre pratique, donner des adresses, des contacts avec des associations, proposer des établissements spécialisés, ouvrir des portes là où les parents ne voyaient qu'un mur infranchissable...

Et parfois, un seul échange téléphonique peut suffire pour désamorcer un problème dont les parents se font une montagne :

« Vers 17 heures Maxime est tourmenté, puis son angoisse grandit et il commence déjà à négocier l'heure du coucher... ça l'empêche de faire ses devoirs. Une fois au lit, il met de plus en plus de temps à s'endormir, le lendemain il est crevé avant d'aller à l'école... »

Je connais Maxime depuis un an. Ce problème de sommeil est sûrement lié à son anxiété et devrait pouvoir se régler en quelques jours. Je propose quelques conseils à ce papa afin d'aider son fils de huit ans : l'accompagner jusqu'à son lit, lui consacrer cinq à dix minutes, le temps de le faire parler de ses « soucis ». Puis lui donner un mélange d'eau sucrée et de fleur d'oranger en lui expliquant que ce « sirop » va l'aider à dormir. Laisser une petite lumière dans sa chambre et après ce rituel, faire preuve de fermeté : « Maintenant, c'est l'heure de dormir. Point final. »

Et me tenir informé.

Midi. Un peu sonné tout de même, je file vers le service que je dirige à l'hôpital neurologique de Lyon. Cinq étages plus haut. Dans notre jargon, le « 502 ». Car si la plupart des causes d'échec scolaire sont traitées en consultation, les plus sévères peuvent faire l'objet d'une hospitalisation de quelques jours.

Les pensionnaires du 502

Comme chaque semaine, dix à quinze enfants entrent dans notre unité de neuropsychiatrie de l'enfant, pour un séjour qui sert à évaluer en détail l'origine de leurs difficultés. Des cas souvent complexes mais jamais désespérés. Et pour lesquels il y a toujours une solution. Car au chevet de nos petits patients en délicatesse avec l'école, nous sommes toute une équipe de spécialistes qui travaillons main dans la main pour aboutir à un résultat. C'est la moindre des choses, pour des parents qui ont déjà tout essayé et dont l'attente est parfois celle de la dernière chance.

Je parcours les couloirs du 502, ils sont déserts, c'est l'heure du déjeuner. Derrière la vitre de la salle à manger, je les observe assis autour des tables. Des frimousses de bébé, des regards légèrement inquiets qui ne savent pas trop où se poser, des mômes un peu perdus au milieu d'ados qui ne cachent pas leur ennui.

Ils ont entre trois et seize ans et tout juste débarqués, ils se tiennent à carreau. Comme des touristes dans une pension de famille, ils se sont regroupés par affinités. Les plus remuants sont ensemble. Normal, entre « petits durs » on se comprend, et on se serre les coudes.

Peu impressionnés par les blouses blanches, j'en repère certains déjà bien décidés à s'en payer une bonne... Pour eux, peu importe l'hôpital. À choisir, ce sera toujours mieux que l'école ! Les habitués font sentir aux petits nouveaux qu'ils étaient là avant. Pour cause notamment de phobie scolaire*[1], nous gardons certains de nos petits pensionnaires plus longtemps.

À la table des trois à cinq ans, une infirmière couve une petite fille qui pleure en silence. La sur-

1. Tous les mots suivis d'une étoile figurent dans le glossaire page 277.

veillante me signale qu'elle ne parle pas. Et personne ne sait encore pourquoi.

Ceux qui m'ont déjà vu en consultation viennent me dire bonjour. Parmi eux, il y a Corto l'intello, six ans et tellement angoissé qu'il doit redoubler son CP. Émilie la timide, qui ne sait presque pas lire à huit ans ou encore Coralie la bagarreuse qui oublie tout au fur et à mesure qu'elle apprend.

Et puis il y a Tom. Tout seul dans son coin, pieds nus en pyjama. Un petit garçon éveillé et brillant qui se retrouve ici contraint et forcé. Et pas pour quelques jours ! Il refuse l'école en bloc. Et cela ne se soigne pas comme ça. Il faut du temps. Ses yeux sont rougis par la colère et les pleurs. S'il est en pyjama c'est pour l'inciter à rester. Cruel mais nécessaire.

Pour l'instant mon rôle s'arrête là. Une façon de prendre le pouls de la semaine qui s'annonce. Chaude ambiance, émotion garantie. Certains ne manqueront pas de nous faire craquer, d'autres de nous repasser « jeux interdits » avec les extincteurs ou les alarmes. Toujours derrière la vitre, j'essaie d'enregistrer les prénoms qu'égrène la surveillante. La tête froide et sans a priori, j'enregistre la litanie des raisons qui les ont amenés ici : Il ne veut plus aller à l'école... elle a redoublé et c'est toujours pas mieux... il perturbe la classe... il vient de se faire renvoyer... on ne sait plus dans quel établissement le mettre...

Tandis que je redescends à mon bureau, je pense à leur tête quand à 15 heures, après le goûter, ils vont voir arriver les enseignants. Le réfectoire transformé en salle de classe ! J'ai baptisé ce rendez-vous « activité scolaire », un peu comme s'il s'agissait de théâtre ou de musique, histoire de les amadouer et leur faire accepter ces séances qui sont indispensables à nos diagnostics. En effet les annotations détaillées des maîtres (niveau de français, de maths, comportement, etc.) vont venir rejoindre le dossier médical. Au même titre qu'un tracé d'encéphalogramme ou qu'un bilan orthophonique.

Après les cours, la salle de jeux (ordinateurs, baby-foot, livres) où ils vont choisir comment passer l'après-midi, sans s'apercevoir qu'ils sont observés de près. Car plusieurs éducatrices notent ce qu'elles remarquent d'inattendu ou de récurrent dans leur comportement. S'ils sont attentifs et combien de temps, s'ils sont perdus dans les règles, s'ils s'ennuient ou s'ils réclament leurs parents. Ces indices font eux aussi partie de notre exploration.

Toutes les activités (maquillage, expression corporelle, clowns, foot...) de nos petits hospitalisés non alités peuvent être interrompues inopinément pour un bilan psychologique ou un examen clinique. Au fil de la semaine ils vont s'habituer à cette nouvelle vie où la famille est remplacée par les infirmières et les petits copains. Le soir, les plus grands votent le programme de télé. Et malgré les protestations en cours de match, extinction des feux à 21 h 30.

Régulièrement je monte les voir de façon informelle. Un jour on me signale un petit garçon qui ne décolle pas de la fenêtre depuis des heures. Impossible de l'en faire bouger. Je m'approche et regarde dehors avec lui : « Tu ne veux pas venir manger ? » Il ne répond pas. « Il y a quelque chose qui te fait de la peine ? » Il se met à pleurer. Et finit par me dire que le matin, le saule pleureur de la cour avait été coupé. Qu'il l'aimait bien et qu'il n'en avait jamais vu...

« Je ne suis pas si idiot que ça ! »

Le staff médical se réunit chaque jour (médecins, psychologues, neuropsychologues, éducateurs, infirmières) pour faire le point sur le bilan de chacun des enfants et réajuster les contrôles si besoin. Car quelquefois des examens complémentaires s'imposent pour avancer dans la recherche. Toutes ces données vont faire l'objet d'une synthèse le vendredi matin. À la lumière des résultats et en s'appuyant sur l'avis de chacun de mes collaborateurs, nous allons établir un diagnostic et déterminer une prise en charge avant de recevoir la famille. Moment fort, quand l'enfant saute dans les bras de ses parents. Les retrouvailles. L'apaisement, renforcé par ces quelques jours passés ici.

Car ces bilans débordent largement le cadre médical : on s'est penché sur son cas, on a pris ses problèmes au sérieux, l'enfant le ressent : « Je ne suis donc pas si idiot que ça ! » Les parents ont pu souffler, quelqu'un a pris le relais de leur galère et puis : « Ça fait tellement de bien d'être compris. » Ils ont aussi le sentiment du devoir accompli, l'impression d'avoir fait ce qu'il fallait. Et pour des parents c'est énorme, une façon d'alléger le poids de leur culpabilité. Ils s'en veulent déjà tellement.

Dans cette phase finale, nous avons obligation de résultat. Impossible de rester dans le flou. Ces parents ont déjà frappé à de multiples portes, ils sont ici pour avoir des réponses. Pas de bla-bla. Ils sont au bout d'un parcours difficile, nous ne pouvons les décevoir. De plus notre unité est labellisée[1] et tout doit être fait dans les règles de l'art. Efficacité oblige. En toute humilité, et sans arrogance.

Des arguments précis doivent être donnés à ces familles qui nous sollicitent pour des raisons d'échec scolaire. Je les reçois longuement dans mon bureau, je dresse un portrait minutieux de leur enfant, je montre les courbes des résultats et je les rassure sur leur bambin pour lequel on a des solutions : suivi psychologique, orthophonie, médicament s'il le faut, conseils de guidance dans la vie de tous les jours. Et je conclus toujours qu'il n'y a pas de fatalité. Que l'on va soigner leur enfant et le remettre sur les rails. Il suffit de se donner les moyens d'expliquer les raisons du dérapage. À l'école, celle du quartier, du village ou une autre plus spécialisée, il y a toujours une place pour lui. À condition de trouver celle qui lui convient le

1. « Centre de référence pour les troubles des apprentissages. » Ministères de la Santé et de l'Education nationale, 2001.

mieux. Chaque fois je me dis que décidément ils sont tous de bons élèves !

Parce que je n'ai rien oublié de ma propre scolarité, passée le plus souvent à ramer à contre-courant…

16 septembre 1964 –
Itinéraire d'un enfant agité

Mademoiselle Colette est blonde et souriante... Heureusement, car la salle de classe me paraît sombre et hostile. Un peu raide sur mon pupitre incliné, perdu dans une blouse grise à la Doisneau, je ne fais pas le malin. Mais qu'est-ce que je fais là, au milieu des géants... ?

J'ai cinq ans. On m'a fait sauter deux classes pour entrer aujourd'hui en dixième[1]. Dans cette petite école de quartier, mes camarades ont sept ou huit ans. Bien fait pour moi, fallait pas chercher à lire avant les autres ! J'aurais mieux fait d'apprendre à jouer au foot, les récrés seraient moins longues et plus conviviales.

Bon, mais voilà, maintenant c'est fait. L'idée de ne pas y arriver me terrorise. Calé au premier rang, je recherche sans cesse le regard approbateur de la maîtresse. Je me souviens avoir craqué plusieurs fois les premiers jours.

1. CE1.

Je termine les journées en pleurs, sur les genoux de mademoiselle Colette, sous le regard moqueur des caïds de la classe. Mattéo surtout me fascine, toute l'école le redoute. Dans la cour « être attaqué par Mattéo » est la pire des menaces !

Vite conscient du décalage, soucieux de créer un climat favorable, j'essaie de participer, maladroitement le plus souvent. Hélas mon premier « grand moment de solitude » n'a pas tardé ! Mademoiselle Colette inscrit au tableau la leçon du jour : Grammaire. Arrivé directement de maternelle, privé de CP, je n'avais jamais entendu ce mot. Et pour ne pas rater cette occasion d'exister, sûr de moi, je lève la main et assure : « Madame, grand-mère, ça ne s'écrit pas comme ça ! » Hilarité générale, et retour sur les genoux de la maîtresse. Moment de réconfort. Je lui dois beaucoup...

Cette époque a une odeur que je saurais reconnaître. Mélange subtil de craie, de colle scotch, de parfum de la maîtresse, de couvertures de cahier et du lait chocolaté, qu'une directive venait de rendre obligatoire pour tous les goûters. Ambiance sucrée-salée que je retrouve aujourd'hui avec plaisir lors de chacune de mes réunions dans les écoles. Sûr même que je la recherche, nostalgie quand tu nous tiens...

Le CE1 se révèle une année difficile, sur tous les plans. À l'évidence, je n'ai pas le niveau. Et pas l'aisance. « Sois plus soigneux ! » Facile à dire. Plutôt compliqué quand on est gaucher, inattentif et maladroit. Penser à ne pas trop tremper la plume, bien l'essuyer sur le bord de l'encrier en céramique, éviter que la main gauche ne repasse systématiquement sur ce qui vient d'être écrit, écouter la maîtresse, arrêter de se balancer, perdre le fil et constater les dégâts sur le cahier taché. Et, à l'époque, pas d'effaceurs d'encre pour rattraper le coup !

La maladresse m'accompagne jusque dans la cour. Au foot, c'est mon pied droit qui me trahit, ou plutôt la coordination entre mon pied et le reste du corps. On m'improvise goal. Je m'ennuie tellement dans les cages que je les quitte dès que possible, soucieux de trouver d'autres moyens d'entrer en contact avec les autres. Mauvais aux billes, j'ai vite fait de perdre toutes mes agates et mes plus gros bigarreaux. Résultat, le soir je rentre penaud, les poches vides, découragé.

Le baptême du feu. Ce CE1 conjugue douloureusement les difficultés d'apprentissage et l'ironie des autres :

— Pourquoi t'es minuscule ?

— Parce que z'ai sauté une classe.

— Oh l'autre, c'est plutôt la maîtresse que t'as sautée !

Même pas drôle.

Ce mélange d'incompréhension et d'échec stigmatise toujours les points faibles d'un enfant, et en aggrave l'impact. Moi, c'était le graphisme, l'attention et la concentration. Pas pratique pour suivre une journée d'école. Alors en classe, je me prends à rêver d'un ailleurs, plus gratifiant. Je suis Thierry La Fronde, incompris et isolé au milieu des Anglais, amoureux d'Isabelle, mais toujours seul face à l'injustice... De cette période troublée, j'ai certainement conservé une forme d'empathie pour tous ces enfants « dys », auxquels on reproche sans cesse des fautes qu'ils ne peuvent pas éviter. Sommés de réussir l'impossible. Rapidement et logiquement découragés.

En CE2, changement d'école, mais toujours la même maladresse, et cette inattention permanente qui rend les journées longues et favorise l'agitation. J'ai croisé il y a dix ans une de mes anciennes institutrices de petite section de maternelle, qui venait consulter mon patron de l'époque. Émue de me retrouver là, elle avouera au professeur Régis de Villard : « Il était marrant, petit, mais il en faut pas plus d'un comme ça par classe. » La légende rapporte qu'il lui aurait répondu : « C'est pareil dans un service hospitalier... »

L'hyperactivité motrice et ma main gauche font désormais partie de moi. Il faut faire avec, apprendre à compenser à l'oral, se forcer à s'intéresser, trouver des trucs pour se calmer... Et ça ne marche pas mal. Le primaire se passe bien. Tête de classe à l'oral, handicapé léger à l'écrit !

L'entrée en sixième débute sur cette lancée. Le lycée Ampère est chaleureux, et les premiers mois bénéficient de l'élan du primaire. Puis les difficultés s'installent. Trop petit, perdu en maths, toujours agité. Premiers échecs, premières frustrations, et les remarques, censées aider, et qui pourtant enfoncent.

« Montrez plus d'attention et de concentration. » Où trouver ça ?

« Soignez l'écriture. » Je ne peux pas !

« Manque de maturité. » Désolé...

Bref, on me reproche en permanence mes handicaps. Éprouvant et injuste.

Je me venge alors sur le jeu d'échecs, comme un clin d'œil et un défi. À onze ans, en quatrième, je gagne le tournoi du lycée. L'élève de terminale qui me remet le prix s'étonne de mon look enfantin :

« C'est ça qui a gagné ? » Gratifiant !

Le choix de la deuxième langue me permet de me démarquer, donc d'exister ; ma mère me conseille l'espagnol, mon père l'allemand. Je choisis l'arabe, pour la première fois, j'écris dans le bon sens ! Nous étions deux dans le lycée, et j'ai aimé cette différence.

Cahin-caha, le temps du collège se passe. Le conseil de classe de chaque fin d'année envisage un redoublement, mais je m'accroche à ces deux années d'avance qui restent la seule preuve visible (l'illusion ?) de compétences, mises à mal par l'inattention et la maladresse.

L'entrée en première au lycée de La Trinité ne fait que confirmer le problème. Maths et physique, je ne comprends rien ! Plusieurs élèves ingénieurs s'épuisent à me donner des cours du soir. (Je me suis toujours demandé pourquoi ces étudiants qui aident les ados en difficultés s'appellent souvent Sébastien !) En rajouter une couche ne fait qu'aggraver mon aversion pour les matières scientifiques. Je n'avais pas besoin de profs supplémentaires, mais d'un « coach » qui m'apprenne à apprendre, et me simplifie la vie (ce que je conseille à beaucoup de parents d'ados en délicatesse avec l'école). Trop moderne.

Alors le tableau se noircit et la spirale infernale se met en place. Les moyennes indécentes obligent à adopter une attitude désinvolte pour sauver la face. Le début d'un malentendu, maintes fois retrouvé chez mes jeunes patients : « Ne travaille pas suffisamment, aucune motivation... » Et personne pour imaginer qu'en fait on ne capte rien ! Et que l'apparent désintérêt n'est qu'un leurre pour masquer le trouble.

Seule stratégie pour ne pas sombrer : surinvestir les matières fortes ; anglais, sciences et vie de la terre, histoire-géographie sont réussies. « Et en plus, il choisit ses matières ! »

Non, il fait juste comme il peut...

Combien de fois me suis-je surpris à rêver d'une baguette magique. Mon vœu le plus cher : être bon élève !

Le bac finit par arriver. À l'écrit, pas de surprise : 4 en maths et 4 en physique. Les autres matières permettent d'accrocher 8,02 de moyenne, soixante-deux points à rattraper à l'oral. Mission impossible ? Un instant de grâce et c'est gagné. Bac D réussi à l'arraché. Sans triomphalisme. Mais trop tôt pour commencer médecine. Pas encore eu le temps de me faire à l'idée.

Acte de sagesse, ou comble du masochisme, je recommence une terminale, et prépare un bac C. Pour assurer en maths et physique. Titulaire du bac D, on ne repasse que ces deux matières. Neuf heures de maths, sept heures de physique par semaine. Voyage au bout de l'ennui... Les terminales C sont à l'époque les classes d'élite des lycées. Remplies de surdoués. Les yeux des premiers rangs pétillent devant des intégrales infaisables et des équations à mille inconnues. En fond de classe, je tue le temps, totalement étranger à toutes ces subtilités. Mon déficit d'attention est au zénith, épuisant. Un cauchemar quotidien que je tente de supporter, de maîtriser pour au moins éviter de bouger. Mon cahier de maths se transforme en sablier. Un trait vertical tracé au stylo-bille raye rageusement les minutes, une botte de cinq traits pour cinq minutes, douze bottes, et la première heure de cours est pliée ! En général, il y en a une deuxième qui arrive.

Et plein de temps pour gamberger, se poser un milliard de questions, sur l'adolescence, les filles, l'avenir, autant de soucis qui épargnent l'esprit occupé de mes camarades. Ces rêveries anxieuses sont parfois interrompues par un cinglant : « Et si on demandait à Olivier Revol ce qu'il pense de cet axiome... ? » Sourire de compassion de mes copains mieux équipés. Deux heures de colle pour manque d'attention. Comme si j'y pouvais quelque chose ; j'expérimente le principe de la double peine.

Je m'en fous, les colles je les passe dans le bureau enfumé du Père Arnaud, joueur d'échecs invétéré, ravi de l'occasion. Je me souviens de cette pièce allongée, à côté de l'entrée, où il m'attendait, l'œil rieur, l'échiquier parfaitement disposé : « J'ai découvert une nouvelle ouverture, vous allez voir... » Son enthousiasme était tel que je le soupçonnais parfois d'être de mèche avec le prof de maths ! J'ai beaucoup progressé aux échecs cette année-là... Quant au professeur de mathématiques, il finit l'année en beauté, par une ultime humiliation. Mon dernier devoir surveillé est noté 3 sur 20. Juste à côté de la note, une remarque sibylline : « Mon verre n'est pas grand, mais je bois dans mon verre... » Interrogé sur mon interprétation de ce message codé, je propose l'idée que « je sais peu de choses mais que je m'en contente... ». Tout faux ! « Ça veut dire que je ne bois pas dans le verre de ma voisine. » En référence à un calcul faux imprudemment recopié sur Caroline pour gagner du temps. Re-colle et re-bureau du Père Arnaud. C'est ce jour-là que j'ai appris l'ouverture « Bird », lorsqu'on sacrifie brillamment le pion du roi blanc pour déstabiliser les défenses les plus héroïques.

Seule oasis de cette année de terminale, une inscription en 1re année de DEUG[1] anglais et arabe, à Lyon III. Mais comment peut-on ainsi passer en une journée de l'enfer au paradis ? Et recommencer tous les jours...

Chaque après-midi, enfin la sensation d'être bon élève ! Et sans forcer. En fait, c'est plutôt facile d'être attentif quand on comprend, d'écouter quand c'est intéressant, et même d'apprendre quand on pense que ça va servir. Pas de fausses notes. Je côtoie des étudiants captivés et déjà adultes, donc dégagés des comportements factices des adolescents. Je découvre des profs passionnants, qui développent des sujets réalistes. Douce torpeur, qui

1. DEUG : Diplôme d'études universitaires générales.

donne vraiment envie de poursuivre ces études stimulantes.

Mener en parallèle une terminale C et une première année de DEUG de langues, il y a de quoi péter les plombs. Passer le même jour d'un Conseiller Principal d'Éducation pas trop « fun », qui ironise sur notre « année sabbatique », à un lecteur australien qui prend plaisir à nous faire partager sa culture, ça ne s'invente pas, et ça complique un peu l'appréhension de la réalité...

Heureusement, tous ces morceaux de vie baignent dans la musique planante des années 1970 (Pink Floyd, Orchestral Manœuvre in the Dark...). Le souvenir reste intact.

Le bac C réussi avec un 12 en maths, grâce à un « Sébastien » qui m'avait fait préparer pile poil l'exercice qui est tombé ! Puis, la première année de DEUG, réussie avec plaisir, quittée avec regret. Contrat rempli ! Cap sur la médecine, avec pour cible prioritaire : les enfants. Je ne savais pas alors que pour combattre leur souffrance, je devrais ausculter leurs carnets scolaires. Que pour les soigner, je devrais avant tout les réconcilier avec l'école !

En fait, quelque chose me dit que je le savais déjà un peu...

Les remettre sur les rails

À l'heure de la sortie, les enfants qui se bousculent vers la porte ne laissent rien voir de leurs petits chagrins de la journée. Hilares, ils franchissent le portail et font semblant de tirer un trait sur la dernière panne sèche devant le tableau noir. Ils se jettent dehors en hurlant, comme s'ils étaient poursuivis par le diable. Peut-être pensent-ils échapper à ces mauvaises notes qu'ils aimeraient laisser derrière eux. S'ils pouvaient tourner la page ! Laisser les rappels à l'ordre dormir dans les cahiers et les oublier jusqu'au lendemain. Mais ce n'est qu'un rêve. Parmi les copains du square, il y a toujours un petit malin pour rappeler le zéro à la dictée de l'après-midi. Et quand le carnet fait son entrée à la maison, on connaît la suite. Le repas expédié avant le dessert, la « honte de la famille » privée d'ordinateur, et les parents qui se renvoient la balle « tu ne sais pas t'y prendre avec lui », tandis que « l'enfant-sans-avenir » rumine dans sa chambre.

Encore une soirée gâchée. Une de plus. Et toujours à cause de l'école.

C'est vrai que passer à côté de sa scolarité pourrit la vie. Le provocateur « même pas grave ! » que vous jette un enfant au visage cache en réalité une grande détresse. Un message adressé aux parents qui ne peuvent s'empêcher d'en faire tout un plat. D'avoir le sentiment de rater leur propre éducation. Quand ce n'est pas leur enfant tout court... Quel malentendu ! Aucun enfant n'est condamné à échouer. Il a certes plus ou moins de chances de réussir de par son milieu d'origine et encore... On sait que ce domaine échappe souvent à toutes les idées reçues, les « mauvais » de la classe ne sont pas toujours ceux que l'on croit. Indépendamment du débat social sur l'origine de l'échec scolaire, nous pensons qu'il existe des raisons « objectives » à ces situations de blocage et qu'il est possible de sortir les enfants de ce mauvais pas. Mais il faut pour cela avant tout dédramatiser ces pannes de parcours et envisager l'échec comme un accident dont les élèves « blessés » à un moment ou à un autre, peuvent se rétablir. Boris Cyrulnik[1], inventeur de la « résilience », cette vision optimiste qui tend à prouver qu'aucune blessure n'est irréversible, explique que le lent travail de cicatrisation s'effectue en puisant dans ses propres ressources et en changeant l'idée que l'on s'est faite de son traumatisme : « Cette fêlure contraint le petit canard à travailler sans cesse à sa métamorphose interminable. Alors, il pourra mener une existence de cygne, belle et

1. Boris Cyrulnik, *Les Vilains Petits Canards*, Odile Jacob.

pourtant fragile, parce qu'il ne pourra jamais oublier son passé de vilain petit canard. Mais devenu cygne, il pourra y penser d'une manière supportable. »

À notre tour alors d'être provocateur, de lancer un « même pas grave ! » bienveillant sur les carnets de notes déplorables et d'accueillir l'élève « malade de l'école » pour le rassurer. Lui redonner confiance car son moral en prend un coup. Lui démontrer que ce n'est pas toujours de sa faute et lui donner un mode d'emploi pour s'en sortir. Nous avons une démarche résolument positive pour aborder ce douloureux problème de l'école, car nous sommes convaincus qu'un zéro pointé cache toujours quelque chose et qu'il est possible de savoir quoi. Cela demande une enquête approfondie dans les racines du mal pour l'empêcher de se ramifier et de faire trop de dégâts. Et lorsqu'on trouve une solution, le sourire d'un enfant est la meilleure récompense.

« Je sais que je suis nul ! »

Combien d'enfants déplorent, et en particulier les pré-ados, que les adultes leur demandent toujours des nouvelles de l'école : « Comment s'est passé ton contrôle ? Est-ce que tu as eu des mots sur ton carnet ? Est-ce que tu as du travail à faire ? » Comme s'ils n'existaient qu'à travers leurs carnets de notes ! Et quand ça marche mal, ils n'ont que des mauvaises nouvelles à annoncer le soir à la maison. Largement de quoi plomber l'ambiance !

Les notes qui fâchent envahissent l'espace psychique et grignotent peu à peu l'aire de vie. Elles deviennent l'étiquette qui colle à la peau d'un enfant. On oublie de lui demander comment il va, on passe directement à : « Ça va mieux à l'école ? » Comme s'il était malade ! Et c'est bien de cela qu'il s'agit. Les mauvais résultats débordent largement le cadre de l'école, ils attribuent un statut social à un enfant. Et ce statut pas très glorieux va rejaillir sur son moral. Le décourager et faire baisser sa propre estime. Cet affaiblissement n'est d'ailleurs pas toujours visible et peut se manifester plus tardivement. Surtout si l'enfant ne comprend pas l'avalanche de reproches qu'il subit de jour en jour. Car il peut ne pas se sentir responsable de son inadaptation. Et dans son cas rien à faire, les punitions ne produisent aucun effet, elles ne font qu'alimenter son désespoir devant les pages soulignées en rouge et leur cohorte de zéros. Son épanouissement personnel est en jeu, il perd confiance en lui, ses copains s'éloignent. Il peut alors devenir agressif ou introverti : « Je sais que je suis nul... »

Une fois leurs illusions perdues, les parents de leur côté essaient de faire face avec les moyens du bord. Ils oscillent entre la carotte et le bâton ou tentent la compassion et se lancent dans une surprotection désespérée. Bref, ils improvisent et comme les résultats ne s'améliorent pas, ils se découragent. Leur stress monte d'un cran. Et fatalement la situation s'aggrave, bonjour l'ambiance à la maison. Les portes claquent, chacun chez soi, muré dans le silence et les rancœurs. Si la famille n'est pas soudée, les responsabilités ne se partagent plus, elles sont renvoyées au visage de l'autre et la stabilité du couple en prend un coup : « Bravo pour ton éducation ! »

Désemparés, beaucoup de parents restent longtemps isolés avec l'échec de leur enfant sur les bras. Et pour eux difficile de sortir de l'impasse. Encore plus de motiver leur rejeton. Il y a peut-être autre chose mais quoi ? Quant au monde soignant, ils en ont souvent déjà fait le tour et en sont sortis plus déboussolés qu'instruits. Chacun donnant son point de vue selon sa formation, ces querelles d'écoles entravent et retardent la prise en charge des difficultés d'apprentissage.

Il n'a qu'à travailler !

Il est vrai aussi que le premier réflexe en France est de rendre l'enfant responsable : « Il n'a qu'à travailler ! » En Finlande par exemple, le redoublement n'existe pas. Ce qui force les enseignants à être inventifs et à trouver d'autres parades pour les élèves faibles. Les lacunes du système français font que de nombreux syndromes, pourtant connus comme la dyslexie* ou le déficit d'attention, ne sont diagnostiqués qu'après plusieurs années d'errance. La prise en charge de l'enfant en est d'autant retardée, et tandis que les années passent le « trouble » dont il est peut-être victime est loin de s'arranger. Car l'école, qui réduit ses effectifs et se donne de moins en moins de moyens pour agir, manque cruellement de disponibilité et de spécialistes à l'écoute des élèves en difficulté. Ce mouvement ne semble pas près de s'inverser et depuis trente ans les dispositifs destinés à réduire l'échec scolaire s'entassent et se juxtaposent sans donner de résultats concluants. Ajoutons qu'il n'y est jamais fait allusion à la « santé » de ces élèves à problèmes... Jusqu'à la dernière tentative de François Fillon en février 2005 d'un « contrat individuel de réussite éducative ». En proposant trois heures de soutien par semaine aux élèves en difficulté le ministre a d'ailleurs largement nourri le scepticisme et peu convaincu syndicats d'enseignants et associations de parents. Toujours est-il que l'on estime à 170 000, c'est-à-dire 20 pour cent de l'ensemble, le nombre d'élèves qui quittent l'école sans aucune qualification ni CAP, BEP ou baccalauréat. Et depuis dix ans ce chiffre ne diminue pas.

Défricher et déchiffrer

Néanmoins, s'il est logique que l'école ait du mal à identifier et à gérer tous les problèmes que rencontrent les enfants, elle sait en revanche parfaitement les détecter. Elle repère rapidement les éléments qui ne suivent pas, à nous d'intervenir ensuite, de lui servir de relais. C'est en effet en complément de l'école que nous nous situons. Les enseignants repèrent les lacunes, à nous de les expliquer. C'est l'objectif que nous nous sommes fixé. Comprendre les difficultés scolaires, sans préjuger du contenu ou de la qualité des programmes, qui relèvent d'autres responsabilités que la nôtre. Notre intervention a pour but de remettre les enfants et les adolescents sur les rails. Éventuellement, leur trouver de nouvelles orientations plus en rapport avec leurs difficultés. Nous ne voulons pas faire de tous des bons élèves, mais des élèves tout court, capables de suivre en classe et de franchir ce cap obligatoire. Il en va de leur santé morale et sociale. Et de leur avenir. L'école est un lieu de socialisation, où se découvre la vie en groupe et s'appréhendent les contraintes du travail : défricher et déchiffrer. Elle débroussaille le chemin vers l'autonomie sur lequel la personnalité de chacun se construit pas à pas. En exclure un enfant c'est l'exclure de la société. D'ailleurs, ne sont-ils pas les premiers à en souffrir quand ils se font virer ?

Car l'enfant peut pâtir d'un handicap plus ou moins sévère, qui va l'empêcher de suivre en classe et dans ce cas il n'y peut rien. C'est comme une maladie. Ce point de vue « médical » sur l'échec scolaire est une démarche relativement récente, qui part du principe que les difficultés peuvent s'expliquer et donc « se soigner ». Il faut pour cela envisager l'enfant dans sa globalité, sociale, physique et psychique. Savoir où et comment il vit, connaître ses parents et évaluer leurs motivations. Faire son examen clinique et évaluer ses forces et ses faiblesses psychologiques. Au cours de cette exploration, il est rare de ne pas trouver la ou les raisons qui font qu'il se détourne de l'école. Ce travail d'enquête a l'avantage d'être mené à l'hôpital, ouvert à tous. Du moins en ce qui concerne les enfants conduits jusqu'à notre porte. Par un enseignant, un médecin scolaire ou libéral, des rééducateurs ou des parents préoccupés.

Car nous ne croyons pas à une paresse chronique qui s'emparerait d'un gosse, le poussant à détourner son regard de l'école. Comment imaginer qu'un enfant refuserait sciemment d'apprendre à lire ! Ce ne peut être de la mauvaise volonté de sa part. Il suffit de voir avec quel enthousiasme la plupart d'entre eux abordent l'entrée en CP. Une étape qu'ils vivent comme une nouvelle aventure qu'ils s'approprient et dans laquelle ils se lancent à corps perdu. Mais hélas combien tombent de haut au bout d'un mois à peine et se découragent devant des difficultés qu'ils ne soupçonnaient pas. Ils sont écrasés par la masse de travail mais peut-être ne comprennent-ils pas ce qui se passe. C'est notre rôle de leur remettre le pied à l'étrier ou de les aider à mieux s'orienter dans le monde scolaire.

Quand la « guérison » dépend de la maîtresse

« Qu'est-ce que tu veux faire plus tard ? » Aurélien six ans et demi me répond : « Sauver le monde, protéger les gentils… » Ce gosse drôle et vif m'a été amené pour troubles du comportement. Il est en CP et l'école n'en veut plus, il est infernal et perturbe la classe. Son écriture est catastrophique et puis il est insolent, il pique des colères et se mêle de tout. Seul point fort la lecture, qu'il a d'ailleurs acquise tout seul à cinq ans. « Si j'avais une baguette magique, quel rêve tu me demanderais de réaliser ? » Ce blondinet aux yeux clairs me dit : « Arriver à faire mes devoirs, je déteste ça ! » Pour tester ses facilités, je poursuis avec un mini-test des compétences, la recherche d'analogies non apprises à l'école :

— Est-ce qu'il y a un rapport entre les minutes et les secondes ?

— Oui, elles ne s'arrêtent jamais !

Je le garde deux jours dans mon service et confirme qu'il est précoce mais aussi hyperactif. Pas simple. Mais réconfortant dans un sens : Aurélien peut compenser ses problèmes de concentration par de solides compétences. Ce que j'explique d'urgence à l'école. Quant aux parents, je leur donne une sorte de mode d'emploi pour ce fils qu'ils n'osent plus emmener nulle part. J'insiste notamment sur la nécessité d'un cadre strict à la maison, pour canaliser son énergie. Surtout ne pas flancher, tout en ne le prenant pas pour un bébé ! Négocier, mais jusqu'à un certain point. L'inscrire à un sport collectif pour qu'il apprenne à s'incliner devant les règles. Ça comblera le manque de copains.

Un an après, Aurélien est toujours dans la même école, mais dans une classe mixte CE1/CE2 et sa maîtresse, qui a tout compris, le fait passer d'un niveau à l'autre, selon les moments. Elle « alimente » ainsi ce petit bambin qui ne demandait que ça pour se tenir plus tranquille. En plus, il vient d'avoir un petit frère...

Les enfants ne sont pas inadaptés à l'école, c'est l'inverse que nous rencontrons le plus souvent. Il peut nous arriver de proposer en accord avec nos jeunes patients une orientation vers l'internat. Quand les difficultés deviennent trop grandes à la maison, c'est parfois la meilleure voie vers l'autonomie, au risque de provoquer un malaise doublé de culpabilité chez les parents. Dans cet univers conçu pour lui, l'enfant se prend en charge, il tourne la page du cauchemar familial, du moins pendant l'essentiel de la semaine et son esprit est enfin disponible pour apprendre. Ses résultats s'en ressentent immédiatement. Cette décision ne doit pas être prise à la légère bien entendu. Une compréhension détaillée et fine de la personnalité du jeune patient est indispensable. La décision de la séparation doit surtout venir de lui. Et bien sûr si l'internat est mal vécu par les parents, il sera d'autant plus difficilement admis par l'enfant.

L'éloignement planche de salut

Quand Thibaut, quatorze ans, vient me voir avec ses parents, sa mère pleure pendant toute la consultation, son père parle peu, si ce n'est pour dire que son fils n'a pas de problème, qu'il n'a qu'à se mettre au travail. Thibaut, costaud, l'air décidé, a redoublé son CP et son CM1 ; cette année en cinquième ses résultats sont catastrophiques en particulier en mathématiques et en anglais. En classe il collectionne les cartons jaunes : oubli de matériel, travail mal présenté et conduite d'opposition à l'égard de ses professeurs. De plus maintenant il se met en danger. Il lui arrive même de fuguer.

Je garde Thibaut dans mon service pendant quatre jours. Son bilan est plutôt rassurant. On lui trouve des capacités suffisantes pour surmonter ses difficultés scolaires, ainsi qu'un tempérament persévérant. En revanche, on démasque chez lui une déprime bien cachée, son comportement n'étant qu'une façon de lutter contre la dépression*. En tête à tête, je le sens au bord de la saturation, il exprime qu'il en a marre... De tout, de l'école, de ses parents. Qu'il veut quitter la maison. Et l'internat ? Il y pense depuis longtemps. J'arrive à décider les parents, tout en expliquant au père qu'il a un fils formidable. Je prescris également une psychothérapie ainsi qu'un antidépresseur pour aider Thibaut à remonter à la surface. J'ai de ses nouvelles régulièrement, il commence à se « poser », et s'adapte parfaitement à sa nouvelle vie de pensionnaire.

Mais le plus souvent nous nous efforçons de faire en sorte que l'enfant puisse rester dans l'école de son quartier ou de son village. Ce qui n'est pas si simple lorsque les problèmes sont sévères. Il faut alors toute la compréhension des enseignants assortie de bonne volonté car il faut se rendre à l'évidence, un enfant en grande difficulté demande une attention particulière pas toujours compatible avec une classe surchargée. À nous donc d'aider au maximum les enfants à surmonter leur handicap afin qu'ils trouvent leur place dans l'enseignement normal auquel ils ont droit.

Quand les mots ne viennent pas

Coralie, neuf ans, n'a pas fait de phrases avant quatre ans. Aujourd'hui elle a du mal à trouver certains mots. Elle les connaît pourtant mais ils lui échappent. Quand je lui demande quel est l'animal qui vit dans le désert et qui n'a jamais soif, elle ne sait pas répondre, alors qu'elle peut le dessiner. Ses difficultés en classe sont énormes, imaginez les tables de multiplication, un calvaire pour elle. En revanche elle n'a aucun problème à l'écrit et peut même être bonne élève. Un suivi orthophonique intensif, des séances avec un psychologue pour ne pas perdre confiance en elle et minimiser sa différence ont rendu le handicap de Coralie « surmontable ». C'est le but recherché : permettre aux enseignants de comprendre le problème spécifique de Coralie afin de l'accepter parmi les autres, tout en tenant compte de sa lenteur à répondre.

Il y a aussi les pannes brutales inexpliquées. Les bons élèves qui d'un seul coup décrochent. Selon le psychiatre Patrice Huerre[1], les « trop » bons élèves lancés dans la course aux diplômes sont « des cracks qui craquent un jour » sous la pression à la

1. Patrice Huerre avec Fabienne Aire, *Faut-il plaindre les bons élèves ?*, Hachette Littératures.

fois du poids familial et du prix d'excellence. Coachés comme des athlètes de haut niveau ils n'ont pas droit à l'erreur, et au moindre dérapage, le « coureur de fond des classes préparatoires » reste paralysé par l'angoisse. « Pourtant il ne s'est rien passé », disent les parents. Ce cas de figure est fréquent et cet « accident » n'est jamais le fruit du hasard. Il a des racines profondes et ne doit jamais être sous-estimé. Souvent il s'agit d'un élément extérieur ou d'une cause d'anxiété qui a échappé à la famille et qui dépasse la conscience que l'enfant ou l'adolescent peut en avoir.

Quand le bac menace l'équilibre familial

Natacha, dix-sept ans, vient me voir avec sa mère, elle n'a jamais eu de problèmes en classe, sauf cette année, l'année du bac où ses notes s'effondrent. Elle ne comprend pas pourquoi. Elle est fille unique. Je la vois longuement, je ne décèle aucun symptôme a priori, excepté son échec scolaire brutal. Plus tard sa mère m'appelle, m'annonce que sa fille a raté son bac. Je revois Natacha plusieurs fois, et ni elle ni moi ne comprenons cet écroulement. Rien d'autre ne transparaît. Jusqu'au moment où elle me parle de ses parents et exprime qu'elle est sûre qu'après son bac ils vont se séparer. Car elle est « le ciment qui fonde leur couple ! ». La raison de sa conduite scolaire devient claire, elle-même en prend brutalement conscience. Sans le savoir elle s'inventait sa propre sanction pour préserver sa famille. « Une sorte d'autosabotage ? ! » dit-elle, pensive. L'identification de l'origine inconsciente de son échec a eu un effet magique. Elle réussit enfin son bac. Facilement.

Trouver l'origine du blocage

Quelle que soit la raison, ils calent à l'école : ils ne savent pas lire en fin de CE1 ; ils redoublent et ça ne marche toujours pas ; trop dispersés, ils perturbent la classe ; ils ont déjà été renvoyés de plusieurs établissements ; ils boycottent les cours, etc. Pour trouver l'origine de ces blocages nous avons mis au point une évaluation rigoureuse et exhaustive. Les stratégies d'exploration assurées par des spécialistes sont solides et répondent à une démarche médicale structurée. Celle-ci intègre systématiquement des éléments neuro-biologiques, psychologiques et éducatifs. Le défi consiste à préciser, le plus objectivement possible, la cause de l'inadaptation à l'école. Et de mettre en évidence si nos jeunes patients souffrent d'un « trouble » (et lequel ?), capable de les priver de l'accès aux apprentissages.

La question de base est de savoir s'il s'agit d'un déficit « instrumental », c'est-à-dire d'une déficience des outils nécessaires aux apprentissages, ou bien d'une origine « psychoaffective », c'est-à-dire d'un véritable frein psychologique, mis en place à son insu par un enfant dont les capacités sont pourtant satisfaisantes. Autrement dit l'origine du problème est-elle organique ou psychologique ? Voire les deux.

Les causes médicales

La première étape consiste à appréhender les compétences de l'enfant sur le plan sensoriel et cognitif. L'audition et la vision doivent être vérifiées à l'aide d'un bilan minimum : acuité visuelle, audiogramme. Ces contrôles de base sont indispensables. Il nous arrive régulièrement de dépister une baisse de l'audition chez des petits qui parlent mal ou qui sont agités. Ils ont toujours répondu aux sollicitations, si bien qu'une éventuelle surdité n'a jamais été prise en compte. Pourtant la classe est un cauchemar pour eux. Dans le groupe et le bruit ambiant, ils ne perçoivent qu'un brouhaha et sont incapables de sélectionner la bonne information. La pose d'un diabolo (un aérateur transtympanique) résout leurs problèmes, uniquement liés à un tympan épaissi par des otites à répétitions.

Le fonctionnement neurologique est apprécié à partir d'un examen clinique et toujours d'un électroencéphalogramme. En effet certains enfants considérés comme distraits peuvent souffrir d'une forme d'épilepsie, appelée « absences », qui entraîne une suspension furtive de l'attention.

La bonne intégration des « lois linguistiques », c'est-à-dire l'acquisition du langage oral et écrit, indispensable pour la réussite en CP, est confirmée par un bilan orthophonique dès l'âge de trois ans.

À l'aide d'images, on évalue les mots que le tout petit peut dire mais aussi ceux qu'il peut montrer. On mesure ainsi le niveau et la qualité de son stock lexical. Ce premier bilan permet de dégager des causes fréquentes et banales telles que les retards « simples » qui vont s'améliorer spontanément. Il autorise aussi la mise en évidence de syndromes plus complexes, tels que la dysphasie*. Ou encore certaines formes de dyslexie, mais pour celles-ci pas avant l'âge de sept ans.

L'organisation psychomotrice de l'enfant sera évaluée à travers un bilan psychomoteur. Il s'agit de rechercher l'existence de difficultés d'orientation dans le temps (les jours de la semaine, les saisons) et dans l'espace (dessus, dessous, devant, derrière), de latéralisation (il est considéré comme droitier, en fait il est gaucher), ou des problèmes de manque de tonus et d'équilibre susceptibles d'entraver l'apprentissage de l'écriture. Les gauchers qui écrivent volontiers de droite à gauche (écriture miroir) peuvent aussi être gênés dans l'accès à la lecture.

Au fil de la semaine l'exploration se poursuit. On progresse pas à pas. Pour arriver à l'étape de l'estimation du Quotient Intellectuel qui complète ce bilan « instrumental ». Il s'agit à ce stade de mettre en évidence les aptitudes générales et de préciser de façon plus fine les compétences spécifiques comme l'abstraction, la conceptualisation, la mémoire à court terme, la pensée logique. Pratiquée par une psychologue clinicienne ou une neuropsychologue, cette évaluation permet de différencier les capacités faisant intervenir le langage et celles liées à l'intelligence « pratique ». L'appréciation du QI* peut être complétée par des tests spécifiques, qui abordent d'autres fonctions cognitives comme la mémoire, l'attention, la motricité fine.

À l'issue de cette première partie de bilan, il est possible de dégager certaines pathologies spécifiques, responsables d'un échec scolaire. Ce sont les causes « instrumentales », comme les anomalies de la vision, de l'audition, ou encore la déficience intellectuelle.

Quand Anaïs retrouve le sourire

En fin de CE1, la petite Anaïs ne sait toujours pas lire et pourtant, elle n'est pas dyslexique. Son QI est évalué. Ni point faible ni point fort, il est en deçà de la moyenne, inférieur à celui prévisible pour son âge. Anaïs n'a pas d'autres problèmes, elle souffre d'un retard global. Une déficience intellectuelle. Je recommande qu'elle intègre une classe adaptée à son niveau, c'est-à-dire une classe d'intégration scolaire pour enfants en difficultés ou CLIS[1]. À l'annonce du diagnostic, j'ai devant moi un père en larmes. Le choc passé, il va finir par accepter l'évidence et comprendre que sa fille sera plus heureuse dans un cadre scolaire qui lui convient. Il va renoncer à la pousser au-delà de ses limites, et un

1. Voir annexe 1 page 271.

bourrage de crâne inutile va enfin lui être épargné. Alors fini le cauchemar, Anaïs va progresser à son rythme sans subir des contraintes insurmontables pour elle. Son avenir n'est pas compromis, il est simplement mieux géré, en toute connaissance du problème. Pour la petite fille, la souffrance d'être incomprise a été écartée. Aller à l'école est devenu un plaisir qu'elle ne connaissait pas.

Au cours de ce bilan initial, on repère également la dyslexie et de façon plus large toutes les altérations de certaines fonctions cognitives comme le langage oral, la lecture, l'écrit. Ces dysfonctionnements spécifiques sont appelés la dysphasie, la dyspraxie* ou encore la dyscalculie.

Chaque diagnostic conduit à une prise en charge adaptée, orthophonie, psychomotricité, graphothérapie... Voire une réorientation dans une classe d'intégration scolaire, si les compétences sont insuffisantes. Ce bilan exhaustif permet également de diagnostiquer un trouble du déficit de l'attention ou une précocité intellectuelle* avec à la clé des aménagements pédagogiques indispensables, voire un traitement médicamenteux.

L'origine affective

Si tous ces examens ne révèlent aucune anomalie, nous ouvrons un deuxième tiroir. Nous devons envisager une origine psychologique, souvent déjà évoquée par les soignants ayant côtoyé l'enfant lors de son séjour (infirmières, auxiliaires de puériculture, éducatrices). Une intuition qui pourra être confirmée par des tests de personnalité*. Et parmi les « must » dont nous disposons il y a le fameux test projectif de « Patte Noire » : il s'agit pour les enfants d'interpréter les images des aventures d'une famille de petits cochons dont le héros a une tache noire sur la cuisse. Et leurs réponses sont édifiantes. Diamétralement opposées, elles vont des plus rocambolesques aux plus noires, des plus optimistes aux plus dramatiques. Et pourtant, elles proviennent d'enfants qui au départ présentent les mêmes symptômes, les mêmes compétences ! En vérité, ils s'identifient au petit héros et projettent leur propre vie psychique à travers les histoires qu'ils imaginent. C'est pourquoi ce test est pour nous une sorte d'arme absolue. L'analyse de ces commentaires, aussi spontanés que différents, est un indicateur précieux dans nos recherches.

Car l'origine psychologique est vaste, elle étend ses préjudices du plus simple au plus compliqué. Les différents facteurs de trouble agissent tous azimuts. Ils peuvent insidieusement bloquer la pensée et ainsi entraver les processus d'apprentissage.

Différentes situations peuvent être mises au jour.

Il est relativement facile de dépister un « manque de motivation », c'est le cas de l'enfant qui refuse de grandir. Le petit garçon qui manque de contacts avec son père par exemple et qui malgré ses compétences freine des deux pieds son avancée à l'école. On repère aussi « l'excès de pression ».

Celui des enfants qui refusent d'apprendre en réponse à une tension extrême exercée par les parents. En particulier ces enfants d'enseignants qui supportent difficilement le surcroît de travail imposé. Ces deux situations se résolvent souvent grâce à des conseils simples et ne requièrent pas de prise en charge spécialisée.

Plus complexes sont les « excès de préoccupation », qui envahissent l'espace psychique d'un enfant. Des pensées inquiétantes, qui souvent le dépassent, le perturbent et engluent ses capacités d'apprentissage. Un peu comme un ordinateur qui rame et qui vous demande de fermer les applications ! Car ces préoccupations peuvent être responsables d'une véritable inhibition intellectuelle[1]. On pense à ces enfants qui déconcertent leurs enseignants. Leurs résultats sont médiocres, voire mauvais. Ils semblent souffrir de leur échec, mais n'expriment aucune plainte. Les évaluations orthophoniques sont normales. Les QI sont limites, artificiellement diminués et le psychologue peut écrire : « Ce test ne semble pas refléter les compétences réelles de l'enfant. »

Mais les résultats sont là : échec scolaire malgré les efforts... Les capacités semblent bridées, emprisonnées dans on ne sait quoi. Navrant et désarmant.

Parce que les causes sont lointaines, enfouies dans l'histoire de l'enfant et de sa famille. Et tellement gênantes que l'élève utilise toute son énergie

1. Serge Boismare, *L'Enfant et la peur d'apprendre*, Dunod.

pour oublier, étouffer et maintenir au fin fond de son inconscient ces représentations insupportables. Cette lutte incessante contre des ennemis intérieurs a un coût. Son livret scolaire le paye au prix fort. Seule la révélation de l'origine du trouble pourra libérer l'enfant de son emprise. C'est le cas des secrets de famille, qui tournent souvent autour de la filiation : enfants nés par insémination artificielle, adoption, enfant adultérin... Un mystère que les parents cachent à l'entourage. Et à l'enfant. Qui va pourtant très vite l'entrevoir à travers des réactions bizarres ou des attitudes incohérentes (pleurs devant un album de photos, malaise quand on évoque des ressemblances...). Un secret dont il ignore la teneur mais qui semble tellement gênant qu'il faut à tout prix le protéger. Et ce « petit quelque chose qu'il ne faut absolument pas savoir » se transforme en « il ne faut rien savoir du tout » ! Et l'affaire est pliée. Le secret bien gardé au prix d'un échec scolaire annoncé. Avec parfois le masque trompeur d'un trouble du langage, à haute valeur symbolique. Pour ne pas dire l'indicible « mieux vaut ne rien dire du tout... ».

Ces secrets qu'il faut absolument cacher sont multiples : maltraitance, filiations complexes, maladie d'un des parents, abus sexuels... autant de traumatismes dont l'inscription douloureuse dans le développement de la personnalité peut bloquer l'expression de l'intelligence. Et désemparer les adultes, longtemps incapables de donner du sens à ce frein inconscient, et risquant même d'en renforcer l'impact par des stimulations maladroites. Plus on sollicite le savoir de l'enfant, plus il se sent obligé d'en cadenasser l'accès. Trop dangereux.

Et pourtant, on peut en guérir... Grâce à une prise en charge patiente et bienveillante, assurée par un psychanalyste attentif, qui saura créer au fil des consultations un climat de confiance et favoriser la reconstruction de la personnalité blessée. Lever l'obstacle au savoir, mis en place par l'enfant à son insu.

Et puis il y a aussi nos petits patients que nous appelons les profils « frontières », à la croisée de causes psychologiques et « instrumentales », ou encore ceux qui souffrent de syndromes multiples, associant plusieurs pathologies. Ce sont des cas sévères qui plus que jamais ont besoin d'un bilan hospitalier.

Si en général la plupart des causes d'échec scolaire sont détectées par l'école et prises en charge par des rééducateurs et des médecins (centres médico-psychologiques ou cabinets libéraux), de nombreux enfants restent malheureusement sans diagnostic, mal orientés et en souffrance.

Les portes de centres hospitaliers équipés et adaptés à leurs problèmes scolaires leur sont aujourd'hui grandes ouvertes. Mais las, le nombre de ces adresses où frapper est encore trop restreint. Il serait nécessaire de développer ces centres spécialisés[1] où

1. « Centres de référence des troubles des apprentissages », au minimum un par région, le plus souvent dans les centres hospitalo-universitaires (CHU).

la polyvalence d'un plateau technique moderne et performant s'associe à l'observation objective d'une équipe pluridisciplinaire. Car seule cette approche exhaustive et nuancée de l'enfant en grande difficulté d'apprentissage permet une recherche approfondie. Et elle seule autorise l'élaboration d'un diagnostic. Une fois franchie, cette étape essentielle débouche sur la possibilité d'un traitement à facettes multiples. Une prise en charge globale de l'enfant qui lui permet de renouer avec lui-même et avec son entourage. Par là de retrouver le chemin de l'école. Malgré les embûches.

1966 : l'origine d'une passion, merci Zorro !

Il m'arrive de repenser aux raisons de mon orientation, et de cette passion qui ne m'a jamais quitté. L'origine est un doux mélange d'atavisme et de circonstances. Je garde de mon enfance un souvenir qui donne à chaque instant de ce métier une coloration étrangement familière.

Les samedis passés à l'hôpital aux côtés de mon père neurologue. Tandis qu'il dicte son courrier, j'ai le droit de dessiner sur les kilomètres de papier que crache l'imprimante de l'encéphalogramme.

Ma mère, psychiatre d'enfant. L'appartement familial se transforme tous les après-midi en cabinet de pédopsychiatrie. La salle à manger, rebaptisée salle d'attente, se doit d'être toujours rangée, et l'ambiance obligatoirement feutrée. Avec mes trois frères et sœurs, nous regardons plutôt curieusement ces jeunes enfants qui nous volent du temps maternel et de l'espace d'intimité. À vrai dire, nos griefs principaux resurgissent surtout les jeudis, car l'unique télévision familiale trône dans notre salle à manger, dont l'accès devient interdit. On rate donc Zorro ! Jusqu'au jour où, l'oreille collée à la porte, j'assiste, mi-stupéfait, mi-triomphant, à la colère d'un jeune patient de mon âge qui agresse sa mère pour lui avoir fait rater son épisode préféré, qui plus est pour une consultation qu'il n'a pas demandée ! Peut-être le début de l'empathie pour la souffrance infantile ! Cette fraternité nouvelle me conduit, à sept ans révolus, à ma première grande transgression... Profitant du temps que ma mère consacre à écouter les parents, je pénètre dans la salle d'attente, un doigt sur les lèvres intimant le silence, et le regard complice annonçant notre délivrance. J'appuie sur le bouton du récepteur noir et blanc, qui dans un grésillement affiche le Z tant attendu. Assis par terre à côté du gosse ébahi, je savoure l'instant, avec ce zeste de danger qui rend les choses simples étonnamment excitantes. Tour à tour, nous montons la garde pour bondir éteindre le poste au moindre craquement de parquet... Le jour où le stratagème est découvert, il est trop tard ! L'engouement des jeunes patients et leur regain d'intérêt pour les consultations du jeudi ont raison des réticences parentales et font jurisprudence... Don Diego de la Vega a des vertus éducatives et une éthique personnelle qui en font un héros fréquentable. C'est gagné pour cette fois !

Plusieurs années plus tard, ces souvenirs restent très forts, et influencent forcément mon choix professionnel. Après le bac, c'est décidé, je serai médecin d'enfants. Mes premiers stages chez des pédiatres éminents (François Larbre, Jean-Pierre Chazalette) confortent mon intérêt pour l'enfance, et me laissent une impression mitigée. Je me souviens avoir été écrasé par la lourdeur de certains diagnostics cliniques, et en particulier par les situations les plus dramatiques. Des enfants leucémiques, traumatisés ou atteints de maladies complexes me renvoient vite à une certaine impuissance incompatible avec l'idée que je me fais du soin. Parallèlement, au sein de l'hôpital pédiatrique, je suis passionné par le travail de Marie-Françoise Cotte. Une pédopsychiatre qui apporte réellement une aide à ces enfants, quelle que soit la gravité de leur maladie. Elle propose à chaque enfant, à chaque famille, une écoute et des réponses souvent apaisantes. Je pense à cette petite fille, entrée dans un service d'orthopédie pour l'amputation d'une jambe à la suite d'une tumeur osseuse et qui brutalement s'arrête de manger. Ce refus alimentaire conduit à une demande de consultation pédopsychiatrique et Marie-Françoise lui dit doucement :

— Julie, tu n'as vraiment pas faim ?

— Si, j'ai trop faim...

— Tu te trouves comment physiquement...

— Déjà que je suis un peu maigre, j'aurais vraiment besoin de manger...

En deux questions, Marie-Françoise écarte l'éventualité d'un problème d'anorexie mentale. Un climat de confiance et d'empathie permet à Julie d'ajouter : « J'ai vraiment faim mais je n'arrive pas à couper ma viande... » A cet instant, Marie-Françoise peut faire identifier à l'enfant qu'inconsciemment elle associe la violence de l'acte de découper à sa douloureuse opération chirurgicale. L'aider à faire le lien entre les deux permet d'éloigner progressivement le refus dans lequel la fillette est en train de s'enfermer.

Par la suite, je continue de me passionner pour les interventions de pédopsychiatres auprès de jeunes patients. J'apprends l'importance de cette dimension d'empathie (au sens littéral de « souffrir avec »), indispensable à l'installation d'un climat sécurisant, propice à leur rétablissement.

Je finis d'être conforté dans cette approche clinique par mon arrivée dans le service de Régis de Villard en 1985. Successivement, interne, chef de clinique, puis praticien hospitalier dans son unité à l'hôpital neurologique, j'apprends à mesurer l'importance de cette observation, de cet examen clinique, bref de cette indispensable procédure diagnostique médicale qui rassure tout à la fois l'enfant, les parents et le médecin et qui permet d'avancer sans a priori théorique. Régis de Villard sait nous sensibiliser à l'utilisation des psychotropes, en nous faisant part de sa longue expérience dans ce domaine, bien avant qu'ils ne soient sous les feux de l'actualité !

Notre pratique actuelle est certainement la résultante de ces différentes influences qui nous poussent à militer pour une approche ouverte de la pédopsychiatrie, avec force humilité et implication personnelle.

II

PAS SI NULS QUE ÇA !

1. Les causes médicales : Ils voudraient apprendre, mais ils n'y arrivent pas.

Matthieu, l'enfant qui murmurait à l'oreille de sa mère

— Qu'est-ce qui a une coquille, des petites cornes, qui est lent et qui sort quand il pleut ?

— …

Matthieu, cinq ans, me regarde fixement. Il cherche la réponse, semble la connaître, puis renonce. Ça ne vient pas. Je lui repose la question lentement… ça ne vient toujours pas.

C'est son regard qui me frappe. Ces grands yeux interrogatifs cherchent à scruter ma pensée. Accrochés aux miens, ils traduisent l'incompréhension et une déception totale. Pourtant quand je lui demande « qu'est-ce qui a une queue en panache, qui est roux et qui grimpe aux arbres », ses yeux s'éclairent. Il se précipite sur mon livre d'images et triomphant me montre du doigt : l'écureuil !

Matthieu est en grande section de maternelle et ses parents l'ont amené à ma consultation car la maîtresse souhaite le garder encore un an : « Il est trop bébé, il a du mal à s'exprimer, il ne comprend pas les consignes, il n'est pas mûr pour le CP. » Les parents sont tout à fait conscients des lacunes relevées par l'école. Ils font le même constat à la maison. C'est le redoublement qu'ils désapprouvent : « Ça l'enfoncerait encore davantage », disent-ils. Car la maman pense qu'il y a autre chose. Elle a quatre autres enfants et celui-ci, elle l'a toujours trouvé différent. Un petit quelque chose qu'elle ne peut pas définir.

Je lui demande de préciser. Déjà tout petit, il ne comprenait pas toujours ce qu'elle lui disait. Et ça l'a marquée. Il répond à ses gestes mais pas à ses paroles ! Pourtant c'est un bébé superbe, docile et sans problème. Par la suite ses difficultés de communication deviennent inquiétantes. Il parle plus tard que les autres : ses premiers mots à trois ans, ses premières phrases à quatre ans. À part ça, il est dégourdi, bien dans ses baskets. Fait de la trottinette et du ski. Physiquement, il n'y a rien à signaler. Excepté un petit problème de positionnement dans l'espace : il a du mal à reconnaître l'avant, l'arrière, sa gauche, sa droite et le médecin généraliste conseille des séances de psychomotricité. Ses facultés d'apprentissage ne comportent aucune autre déficience. Un psychologue met en évidence un Quotient Intellectuel « non verbal »[1] normal. Quant au médecin scolaire, il n'a rien remarqué de parti-

1. Voir chapitre page 245.

culier. Logique, quand un enfant ne trouble pas le fonctionnement de l'école, il est plus difficilement repérable.

Pendant que j'écoute ses parents, je le regarde jouer dans son coin. Blondinet, une bonne bouille de bébé, plutôt sage et attentif à ce qu'il fait, plongé dans la caisse à jouets de mon bureau. Et là, je ne peux m'empêcher de penser : « Voilà encore un petit dernier que sa maman n'est pas pressée de voir grandir... » Pas de crèche, pas de nounou, Matthieu a été élevé par sa mère qui lui a consacré tout le temps qu'elle n'avait pas pu réserver à ses autres enfants. En plus il a des sœurs qui ne doivent pas se faire prier pour le materner. Classique, c'est le numéro quatre surprotégé par un trop-plein de mamans.

Et je me permets de le dire à ses parents. Avec humour et décontraction, histoire de faire passer la pilule. En fait, je suis en train de faire fausse route. Leur réponse est édifiante : « Peut-être, mais il nous montre aussi qu'il a envie que ça change... et nous aussi ! » Matthieu s'arrête de jouer, me regarde, sourit et replonge dans son univers. Rien à voir avec « l'enfant qui ne veut pas grandir ». Bien fait. Je remballe mes idées reçues.

En panne de vocabulaire

Comme toujours je demande à le voir un moment seul. D'emblée, son regard me fixe et ne me lâche plus. Je le trouve même un peu figé. Il est extrêmement calme et n'en loupe pas une miette. Rien de ce qui traîne sur mon bureau ne l'intéresse. Il ne se laisse pas distraire. Je lui demande de me faire un dessin. Son graphisme est très en retard pour son âge. Idem pour son écriture, il n'écrit pas son nom en attaché. Et il a surtout du mal à avoir un discours fluide. On dit de ces enfants qu'ils manquent de « fluence » verbale.

Je vois vite que s'il arrive à faire une phrase, c'est sans réfléchir. Seule condition pour lui d'y parvenir. Elle sort de sa bouche instantanément, comme par réflexe. Un automatisme qui est un indice pour moi : il ne répond donc pas aux demandes. Quand je lui pose une question, il se bloque. Je sors ma « bible », un stock d'images qu'il doit d'abord désigner puis dénommer : le lapin, le réveil, l'arrosoir, la casquette, l'avion, etc. Ses difficultés à verbaliser sont évidentes. Ces évocations lui sont familières, mais il n'arrive pas à leur associer le mot qui leur convient. Nommer l'objet ou l'animal qu'il connaît pourtant très bien est difficile pour lui. Souvent il reste muet. En panne de vocabulaire.

En revanche, lorsque c'est moi qui parle et lui propose de me montrer l'abeille, la fleur ou le tracteur, il ne se trompe jamais. Sans hésitation il pointe du doigt ce fameux escargot, pourtant si dur à nommer ! C'est sûr qu'à l'école, ça ne doit pas être facile. Les moqueries à son égard doivent fuser. On connaît la tendresse des enfants entre eux ! Et je me dis que s'il me regarde avec autant d'intensité c'est parce qu'il cherche à comprendre ce que je lui dis.

Car sa compréhension est en dents de scie. Dans mes phrases il repère des mots qu'il connaît mais pas suffisamment pour comprendre le sens général. Alors il est largué. Pénalisé par un sérieux problème de compréhension de la syntaxe. Une forme de handicap.

Je retrouve les parents. J'ai avancé dans mon diagnostic : Un petit garçon intelligent – son QI paraît correct – qui ne présente donc pas de déficit intellectuel. Pas de trouble de la personnalité non plus, ni de perturbation affective. En léger retrait toutefois, du fait de son incompréhension de ce qui se passe autour de lui. Une difficulté à décoder ce qu'on lui dit, un manque de vocabulaire, un langage hésitant. Un parler « bébé ». La question est de savoir s'il s'agit d'un retard simple et momentané ou s'il va durer. À ce stade de la consultation je comprends qu'il s'agit davantage d'un trouble de l'accès au lexique plutôt qu'un déficit lexical : il a du mal à trouver des mots que pourtant il connaît. Ces mots sont dans sa tête mais il ne trouve pas le chemin pour y parvenir. Je conclus pour l'instant à une dysphasie.

Je demande de doubler les séances d'orthophonie (deux fois par semaine), ciblées notamment sur l'utilisation de l'image et de l'ordinateur, seuls vecteurs accessibles facilement à sa compréhension. Plus quelques aménagements familiaux, à savoir l'instauration d'une relation « à deux » plus étroite et plus complice avec son père. Je propose un rendez-vous quatre mois plus tard.

Je le revois donc une deuxième fois. Je m'aperçois qu'il s'exprime toujours aussi mal et qu'il ne fait pratiquement pas de phrase : « L'est où ballon, a eu premier étoile. » Il utilise toujours son « parler bébé », alors qu'il vient de subir une rééducation intensive. C'est clair, nous ne sommes pas face à un retard simple. Ses parents se veulent positifs. Ils insistent sur le fait que tout le reste va bien : il fait beaucoup de sport, il a eu sa première étoile au ski, il commence à être invité aux anniversaires des copains.

Je passe un moment seul avec lui. Et je reprends notamment :

— Qu'est-ce qui a une coquille, des petites cornes, qui est lent et qui sort quand il pleut ?

— ...

Il est toujours incapable de me répondre. On refait tous les exercices, pas d'amélioration.

Le diagnostic de dysphasie est confirmé. À savoir : déficit du décodage auditif, perturbation de l'accès à la syntaxe, incapacité de compréhension sans le passage par l'étape visuelle. Il s'agit d'un problème neurologique. Matthieu est né avec, il va devoir vivre avec. Mais on va l'aider. Première mesure : surtout continuer l'orthophonie, à un rythme intensif et personnalisé. Puis je préconise le passage en CP. Redoubler ne servirait à rien, Matthieu est victime d'un « malentendu » avec l'école, alors qu'il réclame au contraire la bienveillance des enseignants. C'est donc l'école qui va devoir s'adapter à ses difficultés. Bien sûr à condition de passer un accord avec l'établissement. Et c'est ce qui a été fait.

Dans la classe de Matthieu

J'ai moi-même pris contact avec l'école de Matthieu. Une démarche rendue possible aujourd'hui depuis que l'école est censée favoriser l'intégration des enfants porteurs de troubles des apprentissages, comme la dyslexie et la dysphasie. La décision dépend du bon vouloir du chef d'établissement et sa réalisation repose sur le bénévolat de chacun des partenaires : médecins, rééducateurs et enseignants réunis pour ensemble mettre au point « une convention d'intégration* », c'est-à-dire une stratégie pédagogique adaptée au cas spécifique d'un enfant « en souffrance ». Il peut alors bénéficier d'un soutien particulier pendant la classe. La présence à ses côtés d'une « auxiliaire de vie scolaire » (AVS) peut même lui être recommandée. Installée à ses côtés, cette professionnelle agit en « doublure » pour l'aider à suivre les cours, tout en dégageant du temps que la maîtresse pourra consacrer aux autres.

Difficile de caser ces réunions dans mon emploi du temps, mais l'enjeu est de taille. Je crois aux vertus thérapeutiques de ces échanges et en plus j'adore ça. Assis sur les chaises des gamins, je devine la leçon du jour sous la poussière de la craie, tandis que l'alphabet et les conjugaisons tapissent les murs et que l'odeur, toujours la même, me rappelle celle du cartable de mon enfance. À chacun sa « madeleine de Proust » !

La réunion va commencer. Tout le monde est là. Les parents, l'enseignante, la psychologue que Matthieu voit une fois par mois, l'orthophoniste, l'infirmière, l'assistante sociale et Christelle, l'auxiliaire de vie qui lui a été accordée. Nous sommes en janvier. C'est notre deuxième rencontre. La première s'était déroulée juste avant l'entrée de Matthieu en CP.

— Après une rentrée difficile, Matthieu a fait d'énormes progrès, il est plus autonome, il arrive à se concentrer, il est moins distrait par ce qui se passe autour de lui, résume la maîtresse.

— Comme il est moins en échec, il est plus attentif. Il assimile mieux les consignes. Il participe beaucoup, lève souvent la main, poursuit Christelle.

— L'autre jour il est sorti de l'école en larmes car il n'avait pas fini sa dictée. Il s'implique énormément, dit la maman.

— Il est très volontaire, il joue le jeu, ajoute son père.

Côté écriture et lecture, Matthieu a fait de gros progrès. « Une très grosse évolution, au-delà de nos espérances », de l'avis général. Un point capital car c'est le langage écrit qui va lui ouvrir l'accès au langage oral. Mais il ne faut pas se leurrer. Il sera lecteur en fin d'année, mais sans comprendre ce qu'il lit.

— Et qu'est-ce qui fait que ça marche aussi bien ? me demande l'assistante sociale.

— La précocité du diagnostic, des parents supporters, l'humeur de l'enfant et la cohérence de la prise en charge. Nous sommes tous d'accord et c'est fondamental.

Quant au comportement de Matthieu, la maîtresse raconte qu'il est souvent seul dans son coin, isolé dans son monde. Il se plaint d'être mis de côté. Bien sûr il a du mal, il ne comprend pas les règles des jeux ! Sa maman l'a inscrit dans une chorale, pour qu'il sorte un peu de chez lui. Néanmoins Christelle est optimiste : « Au début de l'année, il pleurait pour aller à l'école. Plus maintenant. » Comment faire pour améliorer ça ? En parler ! À la classe et aux parents des autres enfants. En expliquant bien qu'il ne s'agit pas d'un problème d'intelligence, Matthieu a seulement un petit souci de langage. L'aider ainsi à se sentir plus à l'aise dans le groupe et lui éviter de s'isoler encore davantage. Car cela va être de plus en plus dur pour lui. Le langage des enfants évolue. Ils disent : « T'es périmé... j'suis l'boss... j't'ai cassé... » autant de métaphores qu'un dysphasique ne peut pas saisir. Ou encore : « Donne ta langue au chat », une expression qu'il va prendre au pied de la lettre. C'est dire s'il n'a pas fini de se faire chahuter...

La psychologue doit orienter son travail sur le « relationnel ». Utiliser l'ordinateur le plus possible pour l'aspect visuel. Lui parler bien en face lentement, lui faire répéter chaque phrase et s'assurer qu'il a compris avant de poursuivre. Petit rappel à la maîtresse sur la méthode syllabique qui lui convient le mieux. Et pareil en classe : utiliser le plus possible de supports images, coupler les consignes par des gestes et bien sûr, lors des contrôles, lui appliquer une grille d'évaluation adaptée. Ce qui sera d'ailleurs possible tout au long de sa scolarité. Même le jour du bac.

Et en guise de conclusion, malgré ses difficultés Matthieu ne doit pas redoubler son CP. À condition de poursuivre cette forme de soutien. Y compris l'année prochaine. Seul moyen pour lui d'empêcher l'écart de se creuser et d'avoir droit comme tout le monde à une place dans l'école. On se quitte sur ce constat positif, en prenant date pour une réévaluation en juin.

En traversant la cour nous croisons Matthieu qui vient embrasser son orthophoniste et ses parents. Puis saluer les autres. Il sait que ces adultes sont tous là pour lui. Pour comprendre sa difficulté à communiquer. Et des adultes qui dialoguent ensemble sont certainement le meilleur exemple pour un enfant en mal d'expression. En tout cas, un support sur lequel il peut appuyer ses craintes.

Matthieu semble bien parti. Il me rappelle ces enfants auxquels il faut tendre la main pour les aider à passer de l'autre côté du gué…

La dysphasie : les yeux pour parler

Virgile, quatre ans, est triste et renfermé. Il arrive dans notre service pour « dépression ». En fait si l'on regarde de plus près on s'aperçoit que ce petit garçon a un gros souci : quand il s'exprime personne ne comprend ce qu'il dit ! Ce n'est pas rien.

Cela s'appelle la dysphasie. Un handicap qui peut faire passer l'enfant pour un autiste ou un psychotique. Il utilise un jargon incompréhensible et parfois il ne parle pas du tout. Et c'est dans son regard que s'établit toute la différence. Le sien est profond, il vous scrute intensément car il essaie de vous dire avec ses yeux ce que ses lèvres n'arrivent pas à formuler.

La dysphasie est à la parole ce que la dyslexie est à la lecture. Elle peut conduire l'enfant à rester muet ou à s'exprimer avec difficulté. Dans ce cas il ne fait pas vraiment de phrases, accroche les mots et à ces manques viennent s'ajouter des problèmes de compréhension.

Il dit « crain » au lieu de train. Il n'a pas de syntaxe, ça donne : « papa pati voiture ». Son expression est marquée par l'« agrammatisme », c'est-à-dire qu'il lui est difficile de construire ses phrases avec sujet-verbe-complément comme tous les petits enfants de son âge. Il manque de « fluence verbale », il s'exprime peu ou de façon très concise : « oui... non... ».

Les informations qu'il nous donne sont peu précises :

— Raconte-moi tes vacances ?

— C'était bien.

— Et qu'est-ce que tu as fait ?

— La mer... la plage.

Il souffre d'une grande pauvreté de vocabulaire :

— Tu sais... le truc, le machin...

Quand on lui demande de décrire une image simple, comme celle d'un animal familier, il cherche le mot et ne le trouve pas. Il faut l'aider en lui suggérant des indices : « le ch... » pour le cheval. Parfois les difficultés de compréhension viennent compliquer ses problèmes d'expression et achèvent de l'isoler. Il décode mal ou tardivement et le temps de latence de ses réponses désempare les adultes. En outre il lui est souvent difficile de répondre sur commande. Cela s'appelle la « dissociation automatico-volontaire » qui signifie que spontanément il peut dire « est-ce que c'est ta voiture ? ». Mais cette phrase est le fruit d'un automatisme. En effet pour la formuler, il n'a pas eu besoin de mettre de l'ordre dans sa tête, elle est sortie comme ça ! En revanche si on lui pose une question et qu'il doit réfléchir, c'est trop dur ! Et cette « dissociation » va induire l'entourage en erreur. Comme la maîtresse par exemple qui, croyant bien faire, lui dira : « Tu vois quand tu veux ! » Or c'est exactement l'inverse qui se produit chez lui, c'est quand il ne veut pas qu'il s'exprime ! Cela lui échappe complètement. Alors bien sûr il passe pour opposant voire fainéant. Bref un enfant qui en plus n'y met pas du sien.

Un problème neurologique

Il ne s'agit pas d'un retard « simple » qui va se résorber en grandissant, c'est un handicap qu'il va garder toute sa vie. Trouble sévère et durable, ce problème d'origine structurelle se définit comme : « Un dysfonctionnement spécifique de l'élaboration du langage oral chez un enfant qui n'est ni sourd ni déficient intellectuellement et qui n'a pas de trouble de la personnalité. » Il s'agit donc d'un problème neurologique, une perturbation dans les commandes adressées par le cerveau.

Longtemps ignorée des médecins français, la dysphasie n'est toujours pas admise chez une majorité de psychiatres, pour lesquels elle ne serait qu'un trouble d'ordre psychologique. Et rien d'autre. En revanche de l'autre côté de l'Atlantique, une association québécoise[1] a fait éditer une plaquette d'information qui alerte sur ce trouble par cette

1. Association québécoise pour les enfants atteints d'audimutité, 216 rue Querbes, suite 235 Outremont (Québec) H2V 3W2.

accroche : « Ce n'est pas parce qu'il ne veut pas parler, c'est qu'il ne peut pas » et que l'on trouve affichée un peu partout. Pas seulement dans les salles d'attente des médecins, mais aussi dans les hôpitaux et certains lieux publics fréquentés par les familles. On y trouve la description détaillée des symptômes et où s'adresser en cas de doute : « Vous avez l'impression que votre enfant comprend mieux vos gestes que vos mots… et pourtant il n'est pas sourd. »

C'est en observant les patients atteints d'aphasie, c'est-à-dire ayant perdu le langage suite à un accident, que l'on a émis l'hypothèse que la dysphasie pouvait aussi être une panne biologique. C'est ce raisonnement par analogie, qui a permis d'avancer dans la compréhension de cette mécanique neurologique, grâce aux travaux menés dans le cadre des nouvelles sciences cognitives qui s'intéressent au fonctionnement du cerveau.

Revenons à Virgile. En première année de maternelle il ne disait toujours pas un mot, mais son handicap ne se voyait pas trop. À cette époque il compense ses manques par une habileté dans les activités de collage, découpage… parfois même supérieure aux autres. Sa maîtresse dira : « Je n'ai jamais vu un enfant qui s'exprime si mal et qui pourtant se débrouille si bien. » Mais en deuxième année le regard des autres rend sa situation critique : « Dans quelle langue tu parles toi ? » Ces moqueries commencent à le faire souffrir, il devient agressif à la maison. Il se replie sur lui-même, invité à un goûter d'anniversaire il refuse de s'y rendre.

La souffrance devient énorme, les parents imaginent le pire. Il est urgent de faire un diagnostic. Car ces symptômes déroutants dirigent l'enfant vers des structures spécialisées voire des soins psychiatriques. Or cette orientation catastrophique doit lui être évitée au profit de son maintien salutaire dans un cycle normal.

Elsa, six ans présente des difficultés sévères en CP : compétences irrégulières, pauvreté du discours et incompréhension de certaines consignes conduisent l'institutrice à demander l'avis de la psychologue scolaire qui évoque un trouble sévère de la personnalité. En particulier lorsqu'elle se montre incapable de réaliser le vendredi ce qu'elle pouvait faire le jeudi. Or, c'est justement cet extrême décalage, notamment entre ses résultats en copie et en dictée[1], qui nous a mis rapidement sur la voie. Le diagnostic de dysphasie une fois posé, une rééducation orthophonique et le soutien de l'enseignante ont permis à Elsa la poursuite de sa scolarité.

Diagnostic et traitement

Pour détecter la dysphasie, il faut procéder par élimination, d'où l'obligation de faire un bilan complet. Il est fondamental d'écarter une surdité, une

1. Voir annexe 2 page 272.

déficience globale ou une dépression, voire un trouble comme l'autisme.

Le diagnostic différentiel commence par l'exploration de l'audition grâce à un bilan ORL standard. Si un doute persiste, des « potentiels évoqués auditifs » sont nécessaires et permettent d'obtenir une réponse objective. Il s'agit d'enregistrer la réaction du cerveau quand on lui envoie un son. Le même procédé est utilisé pour les patients dans le coma.

La deuxième étape consiste en la réalisation d'un QI complet. La mise en évidence de compétences verbales effondrées, parfois proches de la déficience, confirmera le diagnostic. À condition que le QI de « performance »[1] soit quant à lui normal.

Dans cette phase, l'enfant n'utilise pas le langage, il est testé sur des épreuves « manuelles », faire sortir un petit bonhomme d'un labyrinthe, recopier des symboles, assembler un puzzle, etc. et dans ce domaine, les compétences du dysphasique sont normales.

Imaginons un QI verbal à 70 (la moyenne est comprise entre 85 et 100) et un QI de performance de 110 qui correspond à une intelligence normale, cela fait une différence entre les deux de 40 points. Or on estime que si l'écart est d'au moins 20 points, l'enfant a un problème spécifique qui touche le langage. Ces évaluations sont délicates et se compliquent chez les tout petits de trois ou quatre ans qui ne disent pas un mot ! Les parents arrivent chez

---

1. Voir chapitre page 245.

nous dans l'angoisse que les examens révèlent une déficience ou une psychose grave. Car c'est avec cet a priori que le regard des autres se pose sur eux. Seul le diagnostic permet d'écarter de lourdes erreurs et de démarrer une prise en charge le plus tôt possible.

Le traitement de la dysphasie emprunte trois pistes convergentes. Un sérieux suivi d'orthophonie : des séances intensives, un rythme de trois séances par semaine le plus souvent. Beaucoup d'explications rassurantes aux parents sur cette pathologie dont ils n'ont jamais entendu parler et qui ne se guérit pas, « mais il va pouvoir mener une vie normale ». À condition de savoir s'y prendre avec lui et de suivre certains conseils simples. Une troisième piste concerne l'école avec laquelle il va falloir entretenir des contacts étroits. Car en toute logique les enseignants vont être tentés de maintenir l'enfant un an de plus en maternelle. Il accuse un tel retard ! Or c'est précisément ce qu'il faut lui éviter. Il faut au contraire précipiter son passage en CP, car l'apprentissage de la lecture va l'aider à corriger son trouble du langage. En effet il a besoin d'un support visuel pour surmonter son problème. Quand il voit le mot écrit, il est plus facile pour lui de le prononcer. Il passe par une autre voie, le canal visuel sur lequel il s'appuie pour décoder les mots. Et son problème s'améliore grâce à la lecture, d'ailleurs on sait que certains « dysphasiques » apprennent à lire relativement vite. Mais attention, à condition qu'ils soient soumis à une méthode de lecture précise !

Certainement pas la méthode globale qui consiste à visualiser le mot, mais plutôt la méthode syllabique, qui décompose le b.a.ba et lui permet non pas de photographier les mots mais dans son cas d'apprendre à les construire.

Adolescence délicate

L'entrée au collège confronte l'enfant dysphasique à de nouvelles difficultés. L'impact de plusieurs années d'échec scolaire est souvent responsable d'une grande anxiété face à la performance, tandis que les exigences des nouvelles matières (langues étrangères, rédactions...) s'accordent mal au profil particulier de ces adolescents. Longtemps raccrochés au concret, ils accèdent difficilement à l'imaginaire et à la conceptualisation. La gêne à saisir le discours continue de les pénaliser dans les épreuves écrites.

Tom, douze ans, est en sixième malgré une dysphasie sévère. Inscrit dans un collège recevant des enfants porteurs de pathologies neurologiques, il obtient de bons résultats grâce à l'utilisation permanente de l'ordinateur et l'obtention de temps supplémentaire pour les contrôles. Il reste néanmoins limité dans l'expression écrite.

Bien sûr tout est plus compliqué quand l'enfant ne parle pas du tout. D'emblée il est victime d'un malentendu et court le risque de s'enfermer dans une espèce de désintérêt pour le monde qui l'entoure. Et on ne peut lui en vouloir s'il vit scotché à sa mère. Car c'est bien connu, s'il y en a une qui le comprend c'est maman ! Et c'est étonnant de voir leur duo de choc où la parole se transmet avec les yeux. Quand on s'adresse à l'enfant, il se tourne vers elle et accroche son regard à ses lèvres pour y guetter le moindre signe qui va le mettre sur la voie. Puis, avec ses yeux et quelques gestes, il communique avec sa mère, qui traduit au fur et à mesure les mots privés de liberté, enfermés quelque part dans la tête de son enfant.

Un échange émouvant et efficace mais qui a aussi ses désavantages. Celui d'engendrer un certain confort dans lequel l'enfant va s'installer et qui risque de l'empêcher de progresser. Cette surprotection, légitime certes, produit l'effet pervers de barrer la route au moindre frémissement vers l'autonomie. Inconsciemment, la mère intègre le fait que son enfant ne peut pas se passer d'elle et elle le maintient sans le vouloir dans une situation qui n'évolue pas. « Je reprendrai le travail quand il parlera », disait une maman qui avait arrêté ses activités pour s'occuper de son enfant. Erreur ! Ce n'est pas lui rendre service. Car il n'est pas bête le petit bonhomme, il se dit que s'il progresse, il va perdre les bénéfices pas désagréables du tout de son handicap. Sans en avoir forcément conscience bien entendu.

Il ne faut pas négliger non plus que le problème neurologique risque de se pérenniser du fait qu'il se nourrit d'inquiétude et de « bons côtés ». La mère d'un enfant qui ne parle pas hésite à le laisser seul se confronter aux autres. Elle a peur qu'il ne puisse pas « dire » s'il lui arrive quelque chose. Donc elle le garde. Il ne part pas en classe verte, on ne sait jamais, « il ne pourrait pas raconter ». Et cette angoisse permanente rejaillit sur l'enfant qui ne bénéficie pas de l'apport extérieur indispensable au bon développement de sa personnalité.

Le désir d'échanger avec les autres

Or c'est certain, l'enfant dysphasique veut communiquer. Et il le peut avec des mouvements, une gestuelle, des mimiques, son regard ou un support visuel. Il faut l'encourager dans cette voie afin qu'il ne sombre pas dans l'isolement et la déprime. Fréquenter l'école est déterminant pour lui, et si possible celle de son quartier ou de son village pour garder les copains de proximité. Et surtout il doit être encadré de façon multimodale par une équipe médico-pédagogique, qui se serre les coudes pour le conduire vers une vie normale.

Médecins scolaires, pédiatres, orthophonistes, psychologues, enseignants doivent travailler ensemble. Une équipe soudée pour élaborer les stratégies rééducatives et pédagogiques sous la houlette d'un chef d'orchestre. Choisi parmi eux, ce référant doit coordonner l'ensemble et éviter que le soin ne soit balkanisé.

Il est aussi chargé de transmettre et d'expliquer : que si les capacités de l'enfant pour apprendre et comprendre sont différentes des autres, en revanche son désir de savoir est identique. Que cette méconnaissance nuit gravement à sa santé psychique. Que l'enfant dysphasique est intelligent comme les autres, mais qu'il souffre de ne pas pouvoir le montrer. Un handicap aggravé dans une société qui a tendance à sanctionner davantage l'oral que l'écrit. Pénalisé dans l'expression il est doublement gêné, dans son accès à l'école, et dans ses relations aux autres. Une sorte de double punition pour l'enfant qui court après les mots sans pouvoir les rattraper. Le verbe s'accorde pour lui avec cruauté...

Antoine :
« Votre fils est inadapté à l'école... ! »

Antoine a onze ans. Il est agréable, s'intéresse à ce que je fais et me pose plein de questions. Il est « nature », très à l'aise bien qu'à l'hôpital et pas intimidé du tout par ma blouse blanche. Au contraire il se confie volontiers : « Tu comprends l'école c'est un cauchemar, surtout l'année dernière où j'avais un maître qui ne s'intéressait qu'aux meilleurs. »

Nous sommes en 1997, Antoine vient d'entrer en sixième et sa maman souhaite que je le voie car elle est pessimiste pour l'avenir de son fils. Certes il a pu passer en sixième mais à quel prix ! De soirées interminables passées à refaire les leçons de la journée et à apprendre celles du lendemain. D'innombrables week-ends, devenus des jours comme les autres, gâchés à cause des devoirs. Et elle sait de quoi elle parle, cette maman qui a pris à cœur d'aider son fils à se hisser de classe en classe. Car ces heures fastidieuses elle les a toutes partagées avec lui. Mais aujourd'hui, ce soutien constant semble avoir atteint ses limites. « C'est lourd et cela devient pesant. » C'est tout juste si elle y croit encore, car ses efforts assidus sont mal récompensés. Antoine ne décolle toujours pas : « Et qu'est-ce que je pourrais faire de plus… ! ? »

En panne de solutions

Car elle met tout en œuvre pour l'aider à se débarrasser de son statut de dernier de la classe. Il est également épaulé par une orthophoniste. Régulièrement et depuis quatre ans. Au point d'être saturé de ces séances dont les effets sont d'ailleurs mitigés et auxquelles il vient de mettre un terme. Même lassitude pour un psychothérapeute qu'il vient de quitter après deux ans de suivi. Il n'y voyait plus d'intérêt, et puis de toute façon il n'avait jamais été emballé d'y aller. « Beaucoup de bruit pour rien », se lamente cette maman, en panne de solutions pour porter secours à son fils noyé dans les apprentissages. Antoine fait toujours autant d'inversions, il écrit très mal, sa lecture est encore hachée et pire, il ne comprend pas toujours ce qu'il lit : « Il ne retient rien de ses lectures puisqu'il dépense toute son énergie à déchiffrer. Recopier un texte, c'est tout un poème ! Il s'y prend lettre par lettre… il est incapable de photographier les mots. » Elle ne sait plus très bien où il en est de sa dyslexie qui aurait dû être corrigée après tout ce temps.

À côté de cela, il se débrouille bien à l'oral, il a une bonne mémoire et beaucoup de logique. En dehors de l'école il est casse-cou, bien qu'elle le trouve de plus en plus introverti et secret : « Il me paraît aussi préoccupé... et je me demande si je ne suis pas responsable de tout ça. » Je la sens démunie, seule à porter les difficultés de son fils. Car lorsque nous parlons du père d'Antoine, elle répond qu'il ne sait pas comment s'y prendre avec lui et que par conséquent il ne s'en occupe pas du tout. En revanche, il semble plus proche du petit frère qui, lui, marche très bien à l'école. « Vous savez, il n'y a que moi qui puisse l'aider... », ajoute cette maman qui semble craindre que ses forces ne l'abandonnent ou que son stock de patience ne s'épuise. Comme je le dis souvent : « Vous êtes responsable mais pas coupable ! Responsable du bien-être de votre enfant, mais pas coupable de ses difficultés. » On sait que les parents ne sont pas les mieux placés pour faire travailler leur enfant. Cela contamine leurs rapports et engage mal leur avenir. En effet, quand l'enfant va vouloir se désengager, mettre une certaine distance entre ses parents et lui en grandissant, il va appuyer là où ça fait mal. C'est comme le principe d'Archimède, plus les parents vont insister, plus il va résister. Et quand la pomme de la discorde porte sur les résultats scolaires, l'enfant va camper sur ses positions et en réaction, s'investir encore moins.

L'entretien en tête à tête avec Antoine n'apporte aucun signe d'inquiétude particulière. Entre nous s'installe d'emblée une relation chaleureuse qui permet un échange facile. Sur le plan psychologique, Antoine ne semble pas atteint. Il souffre néanmoins du désintérêt des adultes à son égard. Son père bien sûr mais aussi certains de ses enseignants. Celle qui n'est pas indifférente en revanche c'est maman ! Plutôt surprotectrice d'ailleurs. Ce qu'elle explique par une grossesse difficile. Cet enfant elle a eu du mal à l'avoir, il était très attendu. Puis tout s'est bien passé. Rien à signaler pendant sa petite enfance et après trois ans de maternelle sans embûches, ses premières difficultés ont apparu dès le CP.

Aujourd'hui, il est vrai que son niveau de lecture n'est pas à la hauteur du programme de sixième. Loin de là. Je recommande de reprendre l'orthophonie et je rassure la maman. Je lui explique que ses problèmes sont uniquement d'ordre « technique » et que par ailleurs il va bien dans sa tête, ce qui me paraît primordial. Toutefois, je propose que son père intervienne, qu'il soit plus présent et partage des activités avec son fils. Je prescris un médicament dont la vertu est d'oxygéner le cerveau, un « vasodilatateur cérébral » spécialement préconisé dans les cas de dyslexie. Nous devons nous revoir dans trois mois.

Inadapté à l'école...

Début décembre, ils arrivent dans mon bureau et sa mère m'annonce que malgré l'orthophonie et le médicament : « Ça ne va pas, Antoine me fait beaucoup de souci... » Elle me raconte que lors d'une réunion à l'école la directrice a déclaré : « Outre les difficultés scolaires, votre fils est à part, il n'a pas d'amis... il est inadapté à l'école. » La situation s'est aggravée et la mère confirme : « Même en maths où il est bon d'habitude, ça coince car il lit mal les questions. L'anglais c'est pire que tout, il n'y arrive pas du tout. Les autres se moquent de lui et maintenant il fait le pitre pour se faire remarquer, non, ça ne se passe pas bien du tout ! »

Je le reçois seul. Il est calme comme toujours et très agréable. Mais moins expressif et un peu triste. Moins loquace que la dernière fois, il ne saisit pas les perches que je lui tends et l'échange est moins riche, jusqu'au moment où il lâche : « De toute façon, je suis le plus nul de la classe... » Nous parlons avec sa maman de cette baisse de moral et elle ajoute : « Il pleure parfois dans son sommeil... nos rapports se dégradent parce que je suis très sévère sur le plan scolaire. »

Nous nous quittons sur les résolutions suivantes : continuer l'orthophonie, j'y tiens. L'arrêt du médicament, ma décision d'appeler la directrice de l'école et se revoir dans trois mois. Antoine a besoin d'être suivi.

... et illettré

Au téléphone la directrice est très remontée et elle me dit : « C'est une catastrophe, Antoine se sent persécuté, il dit qu'on ne l'aime pas. L'année dernière nous avions proposé pour lui une sixième d'orientation mais les parents ont refusé, ils ont eu tort. Résultat, c'est l'enfer, il souffre, de plus il est illettré... » Je lui explique que je le suis de près car il est dyslexique avec ce que cela implique : il n'y a aucun doute sur ses capacités et s'il est en difficultés ce n'est pas de sa faute. Il est donc hors de question de « l'orienter » prématurément. Il faut encore lui laisser du temps. Je ne suis pas contre les filières techniques, ni le fameux « bac au rabais » que chantait Michel Sardou, loin de là. On peut s'épanouir dans l'apprentissage, j'ai des exemples sous les yeux chaque jour. Il serait d'ailleurs temps d'en finir avec la voie royale et unique de la réussite scolaire. Source de stress et de drames. Chacun doit trouver le chemin qui lui convient le mieux. Et pour cela les routes doivent se multiplier. Je suis bien placé pour le savoir, trop d'enfants ont besoin de cette décrispation du cursus scolaire pour atteindre leur équilibre. Mais j'insiste sur un point : ces décisions doivent se prendre en toute connaissance de cause. Comme pour les dyslexiques. Certes ils sont inadaptés à l'école, ils ne doivent pas pour autant en être exclus ! L'institution doit faire un effort pour les accueillir. Et franchement ce n'est pas la mer à boire. Je vais envoyer à cette responsable d'établissement la liste des conseils que je donne dans ces cas-là[1].

Antoine est tristounet...

Trois mois plus tard, je revois Antoine comme prévu et je comprends tout de suite à voir leur tête

1. Voir conseils pratiques page 259.

à tous les deux que les choses ne se sont pas arrangées. En effet la mère annonce que la tension est montée d'un cran et qu'« Antoine met son avenir en danger. C'est très grave, il a fait sauter les plombs de l'école ». Elle raconte que son comportement s'est aggravé et qu'il est devenu incompréhensible. Le fait nouveau est qu'il ne tient plus en place et que cette instabilité le pénalise.

Seul, Antoine est tristounet. Je lui demande s'il a des soucis, il me dit oui, avec son frère qui lui manque car ils ne sont plus dans la même école. Il voudrait aussi que les autres soient plus sympas avec lui, il n'est pas bien, se sent rejeté et il s'inquiète sur ce qu'il va faire plus tard. Quant à la mère, elle continue de porter tout ce poids de pessimisme et d'échec sur ses épaules. Le père est « une seconde maman », quand il s'occupe de son fils, c'est pour le materner. Il ne sait pas par quel bout le prendre : « Il n'a pas l'attitude que l'on attend d'un père, il n'est pas stimulant, pas complice… il ne joue pas son rôle ! »

… mais bien dans sa peau sauf à l'école

Le temps passe, Antoine toujours incapable de travailler seul reste dépendant de sa mère. Et le peu de temps libre dont il dispose, il le passe en tête à tête avec la télé ou l'ordinateur. Les copains ont déserté son paysage. Les résultats du suivi avec l'orthophoniste continuent de ne pas être flagrants. Sa maman se demande s'il a vraiment envie de grandir, parfois il fait le bébé ou le chien. Seul point positif, le sport qu'il adore. Il fait de la gym, du foot et du tir à l'arc avec son père… la seule activité qu'ils partagent. À propos du père, j'apprends alors qu'il est au chômage et qu'il le vit très mal à cause de sa propre dyslexie ! Il rédige lettres sur lettres de demande d'embauche, mais ça s'arrête là, de peur que l'on s'aperçoive de son « défaut » au cours d'un entretien. Quant à l'école d'Antoine, la rupture semble être consommée : « L'autre jour je croyais avoir une bonne note et je me suis trompé, c'est la date que j'avais lue et toute la classe a hurlé de rire… » Antoine est décalé, parfois naïf et immature. Et surtout incompris dans cette école. Si bien que, sage décision, il va changer d'établissement pour la rentrée prochaine. Il entre donc dans une « cinquième aménagée », c'est-à-dire à effectif réduit dans un collège privé. Et je le revois juste avant la rentrée. Il est beaucoup plus gai. « C'est normal, c'est les vacances ! » dit sa maman. Il fait un magnifique dessin sur l'été de ses rêves : un temple grec, un club au bord de la mer. Il est tout à fait bien dans sa peau. Conclusion, il va repartir sur de nouvelles bases, il est en forme, j'ai bon espoir pour lui.

Encore trop bébé

Quand je le revois, il est septième sur onze. Antoine progresse, il n'est plus dernier de sa classe ! En revanche il n'est toujours pas autonome : « J'ai du mal à le mettre au travail, tout repose trop sur moi, il manque vraiment de maturité. » Néanmoins son bulletin est encourageant, Antoine fait des efforts dans tous les domaines, même en sport, il se défend particulièrement bien en natation. Sa mère qui occupe un poste important dans une grande entreprise se plaint qu'« il est un peu mou et que ce n'est pas facile pour lui d'avoir des copains, qu'il n'est décidément pas un meneur... ». Antoine que je vois seul me paraît détendu, revalorisé par cette école qui lui redonne confiance et où il se sent mieux compris.

De trimestre en trimestre, je continue de le suivre. En février, il est toujours septième mais son travail se dégrade, il ne parvient pas à rendre un devoir propre et il fait des blocages dans certaines matières. Il travaille beaucoup, des heures et des heures qui fatiguent tout le monde et pour quel résultat ? Pas folichon ! Et puis toujours trop de télé, trop de jeux vidéo... selon sa mère, de plus en plus épuisée par ce parcours chaotique et médiocre.

Un pré-ado en somme !

À la fin de l'année 1999, alors qu'il a maintenant treize ans et qu'il est en quatrième « aménagée », Antoine s'effondre sur le plan scolaire. De plus il n'est pas bien dans sa peau, parle peu et se désinvestit complètement de l'école. « On travaille tout le temps, on n'a plus de moment de détente, raconte sa mère. Les profs n'arrivent pas à le relire, il a très peu d'amis et souvent il décroche, il est dans les nuages. » Au cours de l'entretien que nous avons tous les deux, il se montre serein, plutôt optimiste avec un penchant pour l'utopie : plus tard il veut construire des maisons, sa vie est facile, elle le serait encore plus s'il n'y avait pas l'école ! Je vérifie s'il n'a pas de problèmes d'attention : « Quand je pars dans ma tête, c'est parce que ça ne m'intéresse pas... » Un pré-ado, tout ce qu'il y a de plus normal en somme ! En fait, c'est sa mère que je trouve de plus en plus stressée. Je lui dis de m'appeler si elle constate le moindre changement chez son fils qui ne me paraît pas en danger. Il est dans une école qui lui convient, il continue d'être épaulé par une orthophoniste et son moral est bon. On le suit, mais on ne s'inquiète pas.

Un an après

J'apprends qu'Antoine redouble sa quatrième mais qu'il va bien, ses notes sont nettement meilleures. Je le trouve changé, il a grandi de vingt centimètres, c'est un ado. Sur le plan social, il s'est épanoui. Renforcé par sa réussite à l'examen de passage dans la séduction : « J'ai plein de petites copines... » Il fait maintenant partie d'une bande de copains, ça aide ! Sa maman est toujours son souffre-douleur, elle est obligée de passer derrière sinon les devoirs ne sont pas faits. Rien de changé de ce côté-là, il reste au degré zéro de l'autonomie. Ses séances d'orthophonie donnent de meilleurs résultats mais il a toujours des difficultés à l'écrit. Beaucoup de progrès donc, sa mère en est consciente même si « parfois son esprit part dans la lune sans que l'on arrive à l'en décrocher ». Nous commençons à nous connaître, depuis le temps ! Je le sens très proche de moi, il est gai, plaisante et s'intéresse aux photos de ma famille qui ponctuent les notes de service épinglées sur les murs de mon bureau. Pour moi, aujourd'hui il n'a pas besoin d'autre soutien que celui de l'orthophonie.

Désormais je le vois une fois par an. En octobre 2001, il a quinze ans et vient de passer en troisième et cela se passe bien. Pour un ado, il est vraiment sympa, pas rebelle, plutôt docile et toujours un peu immature. Il manque d'objectivité, il est persuadé que son avenir coule de source, qu'il va passer en seconde. Il oublie que ses difficultés à l'écrit sont encore grandes. Et que sa scolarité se déroule toujours au prix d'efforts surhumains : deux à trois heures tous les soirs, quatre heures le samedi, quatre heures le dimanche, plus l'orthophonie ! « J'ai peur que ce soit un immense gâchis », dit sa mère qui ne perd pas le nord. En tête à tête avec Antoine, je le mets en garde. Attention à ne pas s'épuiser, le parcours scolaire qu'il lui reste à faire risque d'être très dur pour lui. Je commence à lui parler d'un cycle plus « pratique » et d'un bac professionnel.

Trouver la bonne voie

Quelques mois passent, on est en mars 2002, il est donc toujours en troisième et c'est la catastrophe ! Il a eu 3 au dernier contrôle de français. Ses phrases étaient incompréhensibles. En revanche cela ne le déprime pas. C'est un bon point. Car ses profs l'aiment beaucoup et disent de lui qu'il a une grande finesse d'analyse, qu'il est doué pour la réflexion. Il s'en sort très bien en maths et en physique avec des 13 et des 15 sur 20. Mais il faut qu'il se prenne en charge ! C'est toujours sa faiblesse et le souci de sa mère de le voir si dépendant d'elle. Je lui demande de me faire un bout de lecture, même si cela me gêne un peu vis-à-vis d'un grand gaillard de seize ans. Et je suis surpris : il bute encore sur les mots nouveaux. Je note la persistance d'un déficit de la voie phonologique. Quant à son souhait le plus cher, ce serait de réussir ses études sans que sa mère se fasse trop de souci pour lui. Il est évident qu'il va falloir couper ce cordon ombilical qui perdure encore mais uniquement pour alimenter ses besoins scolaires.

Finalement il va suivre mon conseil, changer de collège, faire sa seconde dans un lycée technique où il passera un bac pro. Je le vois après deux mois de cours. Mis à part ses profs qui se plaignent de son manque de travail, en technique il est plutôt bon et il connaît sa première embellie en français. Je le trouve en pleine forme : « Je suis amoureux ! me déclare-t-il pas peu fier. On s'envoie des textos toute la journée ! » Merci aux messageries électroniques, de la part des dyslexiques ! L'écriture phonologique du style « A12C4 »[1] leur permet de communiquer plus facilement, de se sentir à égalité avec les autres,

1. A un de ces quatre !

comme les sourds-muets le sont dans l'eau. Je lui dis néanmoins que cela n'empêche pas de faire un petit effort au lycée et surtout d'apprendre à se responsabiliser. Et il est en bonne voie. La preuve, sa mère déplore son comportement : « Il me remet en cause, il est très insolent... il faut que je le reprenne en main ! » Je lui réponds que c'est normal, il commence à réagir et elle ne doit pas s'en plaindre. Au contraire.

Antoine va continuer de s'épanouir, peu à peu il va se prendre en charge et gérer lui-même sa scolarité. Je le sens bien parti pour décrocher ce bac qui conviendra mieux à ses difficultés tout en lui permettant une ouverture pour plus tard. On est loin de la sixième d'orientation qui aurait barré la route à des projets futurs. Son parcours est édifiant, il montre qu'il faut identifier ses faiblesses, se faire aider pour les surmonter et garder le moral, trouver l'établissement le mieux adapté sans jamais perdre de vue que c'est le chemin vers l'autonomie qu'il faut tracer. Grandir et préparer sa vie d'adulte en somme ! « Inadapté à l'école » au départ, Antoine a fini par trouver l'école qui lui convenait.

La dyslexie : « Cette confondaison… c'est épouvantable ! »

Si le jeune Harry, apprenti-sorcier-binoclard, a fait naître une nouvelle génération de petits lecteurs, ils sont encore légion à ne pas avoir découvert le plaisir de la lecture. Des enfants qui n'ouvrent jamais un livre, même si les murs de la maison en sont couverts et qui désolent leurs parents tentés parfois de mettre la télé au feu avec les jeux vidéo au milieu ! Des parents qui savent aussi qu'il est vain de forcer un enfant à lire. Comme le dit Daniel Pennac[1], inutile d'insister : « Le verbe lire ne supporte pas l'impératif. Aversion qu'il partage avec quelques autres : le verbe « aimer »… le verbe « rêver »… On peut toujours essayer, bien sûr. Allez-y : « Aime-moi ! » « Rêve ! » « Lis » ! Mais lis donc, bon sang, je t'ordonne de lire[1] ! »

Rien à faire, l'enfant préfère s'endormir sur sa console de jeux ou son paquet de cartes magiques. Ce piratage du temps libre par l'image et les défis virtuels

1. Daniel Pennac, *Comme un roman*, Folio.

n'est pas seul responsable. Parmi les enfants qui ne lisent pas, beaucoup ont une bonne raison de ne pas le faire. Lire ? Ils n'y arrivent pas ! Pour eux le livre est synonyme de souffrance. Un parcours semé d'embûches qu'ils préfèrent éviter. Un ennemi qu'ils regardent de loin de peur qu'il les martyrise. Alors pas touche !

Et les obstacles à la lecture sont nombreux. Souvent cachés, mal identifiés et détectés avec retard. La dyslexie en fait partie, elle est l'une de ces clés qui verrouillent l'entrée dans le monde de l'écrit. Elle représente un frein sérieux à l'accès aux apprentissages et entraîne des problèmes scolaires persistants. En février 2005, des évaluations nationales dénombraient 10 pour cent de jeunes en difficulté face à la lecture, dont la moitié en difficulté très grave. Et la dyslexie, si on la pardonne volontiers aux tout-petits, peut devenir avec le temps un véritable handicap.

« J'ai pas prendu mon goûter », à quatre ans cette maladresse de langage fait sourire, elle participe de la tendresse de l'enfance. Mais plus tard, ces inversions involontaires déclenchent les moqueries « c'est les bébés qui parlent comme ça ! ». Puis quand arrive le temps de la lecture, le doute s'installe : « Tu ne lis pas mieux que ça à ton âge ! » Jusqu'au jour où les vannes atteignent le sommet de la cruauté « espèce d'illettré ! ».

Ni paresseux, ni fainéant

La dyslexie peut engendrer une grande souffrance, le plus souvent née du sentiment d'injustice.

L'enfant n'est ni paresseux ni fainéant. S'il n'acquiert pas la lecture c'est parce que les mots n'ont pas de sens pour lui. Il est comme devant une langue qui lui serait étrangère. Alors il confond les sons, mélange les lettres et inverse les syllabes sans s'en rendre compte. La lecture devient très vite sa bête noire et ses hésitations la cible des railleries de son entourage. L'épreuve d'un exercice à faire au tableau devant toute la classe est une humiliation. Il passe pour un attardé, sans comprendre pourquoi sa langue trébuche sur le tapis des mots.

L'enfant qui en souffre est particulièrement pénalisé dans le système scolaire qui fonde ses évaluations essentiellement sur l'écrit. Mis en échec, il risque aussi de ne pas bénéficier de l'apport social de l'école. Il se sent très vite différent des autres et peu enclin à participer aux activités qui débordent largement le cadre scolaire. Marginalisé dans ce lieu privilégié d'échange qu'est la salle de classe, il a du mal à trouver sa place dans la société. Surtout si son trouble n'a pas été détecté. Il se voit alors reprocher son manque de motivation ou d'assiduité malgré tout le mal qu'il se donne. En vain. Le laisser sans explications lui fait porter la responsabilité de ses fautes. Il se demande pourquoi il fait tout « de travers » ou à « l'envers » et finit par se dire que quelque chose ne tourne pas rond chez lui. S'il a « tout faux » c'est sûrement de sa faute. Sa culpabilité se double d'un sentiment d'iniquité et d'infériorité qui nuit à son épanouissement. Il se sent complexé du fait de différentes « maladresses » qui n'ont pas la même origine et qui se traduisent différemment. Ces dysfonctionnements ont engendré la notion d'enfants « dys », affectés chacun par un trouble précis.

Les enfants « dys »

Il peut être « dysorthographique », mal transformer les sons en mots et dans ce cas écrire phonétiquement, et être incapable de corriger ses textes truffés de fautes. Et ce travers est particulièrement injuste pour l'enfant qui sait sa leçon de géographie par cœur et se fait malgré tout sanctionner pour excès de fautes. Démoralisant ! On dit qu'il est « dyscalculique » quand il est dans l'impossibilité d'effectuer des opérations et d'utiliser correctement les chiffres. Cela va jusqu'à l'incapacité d'établir un chèque chez un adulte. Il peut être « dysphasique » et souffrir d'un trouble de l'acquisition du langage oral ou encore « dyspraxique » et être pénalisé dans ses gestes et ses mouvements par un déficit dans la coordination. Dans ce cas, ses cahiers sont pires que des brouillons, ils sont illisibles, l'enfant a du mal à découper, à utiliser une règle, un compas et pourtant il peut parler comme un livre ! Ces dérèglements trouvent chacun leur origine dans une partie différente du cerveau. Ils ne se cumulent pas, mais dysorthographie* et dyslexie fonctionnent généralement de façon indissociable. Et dans la mesure où le langage s'articule entre les mots et les sons, l'enfant dyslexique connaît souvent des problèmes pour s'exprimer car ses inversions se traduisent dans ses paroles. Néanmoins, il peut avoir une expression orale tout à fait normale et ne connaître des difficultés qu'en présence d'un texte.

La dyslexie est plus souvent évoquée car elle est aussi la plus fréquente avec 4 à 8 pour cent des enfants, sept garçons pour une fille et dans 70 pour cent des cas en raison d'antécédents familiaux. On sait que le risque qu'un enfant soit dyslexique est multiplié par huit quand les deux parents le sont. Et pour eux, ces dyslexiques des générations antérieures, l'époque où ils se faisaient traiter de « demeurés », est heureusement révolue. Mais leurs souvenirs d'école sont si terribles qu'ils préfèrent parfois les occulter.

Comme cette mère effondrée devant l'échec de sa fille, à laquelle on demande : « Et vous-même ? Aviez-vous ce problème ? » Et qui répond : « Moi pas du tout, je n'ai jamais été dyslexique. » À la fin de la consultation elle évoque les devoirs interminables le soir à la maison, des séances qui deviennent pesantes pour elle et elle conclut : « Vous comprenez... j'en peux plus... elle mélange tous les mots... cette confondaison c'est épouvantable ! » Sorte d'aveu inconscient d'un trouble qu'elle a mal vécu, mal géré et qu'elle souhaite encore cacher. Alors que sa fille de huit ans l'a déjà depuis longtemps intériorisé.

La preuve, parmi les différents tests qui lui sont soumis, il y a l'histoire du petit cochon Patte Noire (avec une tache sur le haut de la cuisse) auquel une fée propose de réaliser ses deux plus beaux rêves. La petite fille répond en premier que la fée enlève cette vilaine tache noire et en second, qu'elle enlève aussi celle de sa mère ! La dyslexie se vit parfois comme une cicatrice.

L'épidémiologie nous enseigne que les dyslexiques sont plus nombreux dans des pays comme la France et la Grande-Bretagne, où il y a peu de correspondance entre les mots et leur prononciation. En revanche, en Italie et en Espagne où ce lien est plus « transparent », c'est-à-dire que les mots se prononcent plus souvent comme ils s'écrivent, leur nombre est plus faible. Cette incidence, qui varie selon les pays, est à prendre en compte lors du choix d'une deuxième langue au collège.

Expliquer la dyslexie

Les dyslexiques sont des enfants qui répondent tous aux mêmes critères. Ils sont intelligents mais rament à l'école en raison d'une altération d'une partie du cortex cérébral, une région spécifique du cerveau qui marche moins bien. Ces problèmes ne sont pas liés à une quelconque déficience ni à une cause psychologique, encore moins à un refus d'apprendre. Ils sont d'origine neurologique. « Ces enfants sont handicapés des mots », explique Michel Habib[1], neurologue au CHU de Marseille et

1. Michel Habib, *Le Cerveau singulier*, Marseille, Solal.

particulièrement investi dans la recherche des causes de ce dysfonctionnement cérébral. Selon lui, une première explication serait d'ordre anatomique. Le cerveau des dyslexiques aurait deux hémisphères de la même taille, alors que normalement, l'un des deux est toujours plus important. Il y ajoute des raisons « cognitives », découvertes grâce à l'approche neuro-linguistique, une science relativement récente, qui nous apprend comment le cerveau traite l'information dans l'apprentissage de la lecture. Grâce notamment à l'étude des enfants « dys », car c'est à partir des pannes que l'on connaît le fonctionnement d'un moteur.

Deux voies de lecture

On a ainsi appris qu'il existait deux voies de lecture. La première est « phonologique » et consiste en la conversion de « graphèmes » en « phonèmes » c'est-à-dire la transformation d'éléments écrits en sons. Par exemple le « a » se prononce « a ». Je décode, j'en fais un son et ensuite j'assemble : « ch » et « a » font « cha », puis « p » et « eau » font « peau », ce qui donne « chapeau ». Ce mécanisme est appelé « l'assemblage ». Mettre ensemble des signes qui vont fabriquer un mot. Tous les enfants apprennent à lire ainsi dans un premier temps.

Mais très vite, ils vont utiliser une seconde voie de lecture, appelée « lexicale ». Pour lire « chapeau », ils vont photographier le mot dans son ensemble et « l'adresser » à leur « stock lexical ». Il s'agit en effet d'un mot qu'ils ont déjà vu, ils peuvent donc le verbaliser, le prononcer. Dans cette façon de lire, on n'assemble plus, on « adresse ». L'enfant regarde et visualise le mot qu'il reconnaît. Il en retrouve l'empreinte dans son lexique personnel.

Ces deux voies, d'« assemblage » et d'« adressage », renvoient aux méthodes de lecture pratiquées à l'école. La méthode syllabique qui apprend à décomposer et la méthode globale qui s'appuie sur l'apprentissage de mots entiers et de phrases toutes faites. Il est intéressant de noter que l'adulte utilise en permanence la voie lexicale plus rapide, sauf pour les mots nouveaux ou ceux qui ne veulent rien dire. Des mots comme « crabu », « troui » ou « phler », appelés « logatomes », ne peuvent être lus qu'en utilisant la voie phonologique. Ils n'ont en effet jamais été enregistrés dans le lexique. Cette « conversion » reste également indispensable pour les noms propres.

En revanche, la piste lexicale est le passage obligé pour la lecture des mots irréguliers comme « monsieur », « femme » ou « oignon ». Les deux voies sont nécessaires et toute la vie durant.

Selon la région du cerveau qui sera altérée, la dyslexie sera de nature différente. L'enfant peut être dyslexique « phonologique », il a donc du mal à lire un mot nouveau comme « ornithorynque ». Mais dès qu'il lui est familier, qu'il soit régulier ou irrégulier comme « banc », « fils » ou « corps », cela ne lui pose aucun problème. En revanche, si sa dyslexie est « lexicale », il écorchera toujours « automne », « monsieur » ou « tabac ». En commettant des erreurs de « régularisations », il dira : « automeune », « mon-sieure » ou « tabak ». À l'inverse, il s'acquittera très bien de mots réguliers comme « girafe », « tigre » et « rasoir ».

Diagnostic et prises en charge

Il serait faux d'imputer la dyslexie à un manque d'intelligence, un défaut de vision, un problème de personnalité ou un refus scolaire. Il s'agit d'un trouble spécifique et durable : on naît avec et on le garde toute sa vie, avec plus ou moins de bonheur. Pour que le doute se confirme, il faut constater au moins deux ans de retard dans la lecture. Si celle-ci n'est pas acquise en fin de CE1, un diagnostic s'impose.

On l'aura compris, il consiste en une approche par élimination. L'enfant entend-il bien ? Est-ce qu'il voit bien ? L'évaluation de ses compétences intellectuelles permet de détecter d'éventuelles déficiences. Des tests de personnalité vérifient s'il n'est pas déprimé, anxieux ou psychotique, ou s'il n'est pas simplement enfermé dans un refus de grandir. Une fois tous ces diagnostics écartés, l'hypothèse d'une dyslexie peut être envisagée.

Un bilan précis est alors réalisé par une orthophoniste. Bien menée, l'épreuve permet de définir le type de dyslexie dont souffre le jeune patient auquel il est proposé notamment la lecture de mots irréguliers, puis de mots réguliers et enfin de « non-mots » qui ne veulent rien dire comme « corti », « argoin » ou « aillou ». Ainsi qu'un test spécialement étalonné, appelé test de l'Alouette.

Prévenir l'école

Une fois le diagnostic posé, la priorité est d'aider l'enfant à corriger ces lacunes par des séances d'orthophonie intensive, une à deux fois par semaine. De prévenir l'école et de procéder à des aménagements indispensables. Il est évident que lorsque le type de dyslexie a été défini, il convient d'adapter la méthode de lecture. La méthode syllabique pour un dyslexique « phonologique » qui n'arrive pas à assembler les sons est une hérésie ! De même la méthode globale pour un enfant dyslexique « lexical » sera d'une totale inefficacité. Quant à la méthode « semi-globale » qui consiste à photographier d'abord et ensuite à décomposer, elle ne pourra marcher que pour le dyslexique « phonologique ». Il est donc impératif d'en informer les enseignants. L'enfant doit aussi être soutenu en classe grâce à quelques règles qui amélioreront son ordinaire d'enfant en échec : ne pas le pénaliser pour ses fautes d'orthographe, ne pas le laisser redoubler, cela ne lui rend pas service et surtout cela ne sert à rien dans son cas. Ne pas le stigmatiser devant ses camarades, ne pas le faire lire à haute voix, l'encourager en supprimant un exercice puisqu'il est plus lent que les autres. Pour les dictées, adapter la notation en évaluant son pourcentage d'erreurs, ce qui changera du zéro d'un bout à l'autre de l'année scolaire et lui permettra de voir ses progrès.

Comme pour les enfants précoces, ce handicap les empêche de s'adapter aux exigences scolaires. Ils ont donc un besoin réel et spécifique que l'école s'adapte à eux. Les pouvoirs publics en ont pris conscience en 2001 et, suite au rapport de Jean-Charles Ringard, inspecteur d'académie, réalisé à la demande des deux ministères de la Santé et de l'Éducation nationale, il a été décidé un plan d'action pour prévenir et dépister d'éventuelles dysphasie et dyslexie dès la maternelle et le primaire. Des conditions particulières de passage d'examens ont également été prévues. Il a été demandé d'accorder un laps de temps supplémentaire aux élèves atteints de ces troubles tout en gardant l'anonymat et la même valeur aux diplômes. Une heure de plus pour passer les épreuves du brevet et du bac permet à ces candidats dont les difficultés sont enfin reconnues de relire leur copie et surtout d'alléger leur stress. Une façon plus équitable pour eux de se présenter aux examens.

L'avenir des jeunes « dys » s'éclaircit

De plus en plus d'écoles, de collèges portent un regard bienveillant sur ces enfants et tentent de s'adapter à leurs besoins spécifiques. Néanmoins ces aménagements dépendent toujours du bon vouloir des chefs d'établissement et des enseignants. Trop d'élèves restent incompris, injustement pénalisés en primaire et démotivés au collège par des « cartons » en SVT[1] ou en histoire et géo. Ils demeurent sur la touche à cause d'elles, ces fautes d'orthographe qui raflent la vedette au mépris des leçons apprises par cœur et des heures passées à travailler. Pour rien ! Et pourtant… des conseils simples[2] permettent d'aplanir ces difficultés et de remettre les compteurs à zéro. Pour que les petits « dys » se retrouvent à égalité de chances avec leurs camarades.

1. Sciences et vie de la terre.
2. Voir page 259.

Jordan : « Je voudrais arriver à obéir ! »

— Et votre fils, vous ne l'avez pas emmené avec vous ?

— Oui bien sûr, mais on a eu du mal à le faire patienter, il nous a échappé et maintenant on ne sait plus où il est !

Ambiance. Les parents ne sont pas franchement affolés, ils ont l'air d'avoir l'habitude. Je les sens plutôt gênés.

Pas grave ! Je leur dis d'aller voir à la machine à café, ce ne serait pas la première fois... Non il n'y est pas, mais le papa suggère d'y retourner, exaspéré d'avoir déjà fait cent fois le tour du service en vain. J'en connais un qui va s'en prendre une bonne... En attendant, la maman s'installe dans mon bureau :

— Voilà, il est intenable, mon mari et moi on ne sait plus quoi faire !

— Est-ce qu'il a toujours été comme ça ?

— Oh ! Oui malheureusement... même à la crèche on a eu des problèmes, ils n'ont pas voulu le garder !

Le bruit d'une course résonne alors dans le couloir, la porte s'ouvre à toute volée : Jordan ! Essoufflé et hilare, tout heureux de son aventure. « Bonjour mon grand ! » Je n'ai pas le temps d'en dire plus, la porte claque, il est reparti ! Faux départ, l'arrivée de papa met fin à la cavale.

Qu'à cela ne tienne, Jordan, privé de liberté, s'attaque à mon bureau qui ne va pas tarder à ressembler à un champ de bataille. Je vois beaucoup de petits patients qui ne tiennent pas en place, mais Jordan, c'est le pompon ! Il n'arrête pas ! Et ce qui me frappe surtout, c'est son air préoccupé.

— Est-ce que quelque chose te tracasse ?

— Oui, j'en ai marre, je me fais toujours disputer alors que c'est pas de ma faute !

Et sa façon de le dire montre que ça le contrarie.

Des parents au bout du rouleau

Dans le regard du couple, se lisent l'impuissance et cette prière que je connais bien : « On est sûrement de mauvais parents, mais si vous pouviez ne pas en rajouter ! » Manifestement, ils culpabilisent à mort. Il leur arrive de détester ce fils de six ans qui les a fâchés avec toute la famille et qu'ils n'osent plus emmener dans les grands magasins. Un fils qui n'a pas de copains et qui n'est jamais invité... rien que d'en parler ils en ont les larmes aux yeux. Ils sont au bout du rouleau, seuls face à un môme qui épuise les nounous et leur gâche les vacances. Bref, ils ne savent plus par quel bout le prendre.

Pourtant, des efforts, ils en font ! Le papa a l'air très patient, mais partager des activités avec Jordan, ça ne dure jamais longtemps. Quant au congé sans solde que sa maman a pris pour s'occuper des enfants, elle n'est pas loin de le regretter : « Ça me décourage, je suis plus épuisée que si je travaillais ! » Jordan fait tout de travers et à cent à l'heure. Un câlin ? Il se jette sur elle, l'étouffe et la lâche… sa tendresse est comme le reste, bâclée !

— Racontez-moi comment ça s'est passé à la maternelle ?

— Désolée, a dit la maîtresse, votre fils perturbe les autres et il ne nous écoute pas, on ne peut pas le garder.

Choc terrible pour les parents. Comment faire avec Jordan si l'école n'y arrive pas elle non plus ! Et puis ce renvoi fait de leur enfant un cas à part, un enfant pas comme les autres. Ils touchent du doigt le cauchemar d'être différents et catalogués. Finalement le retrait est momentané. Le médecin scolaire fait un mot en indiquant notamment que « Jordan se met en danger » et ils sont aujourd'hui devant moi.

— C'est vrai qu'il ne fait pas attention, il se cogne partout. À la maison on doit toujours savoir où il est, il faut le surveiller comme le lait sur le feu. Dans la rue, il ne faut pas le lâcher, l'autre jour il s'est jeté sur une voiture sans regarder.

Aujourd'hui les parents n'ont qu'une peur, que je les laisse tomber. Ils avaient consulté un ou deux médecins, essayé quelques traitements et même vu un psychologue, mais sans plus. Jordan n'était jamais malade, « on n'osait pas déranger le médecin pour rien ! Mais là c'est vraiment trop dur... ». La consultation se poursuit avec Jordan seul. Adorable et ingérable. Impossible de le faire tenir tranquille, encore moins de le laisser plus d'une minute à la même activité. Avec un risque permanent pour sa santé. Quant au CP, inutile de l'envisager pour l'instant ! Je propose à ses parents un bilan de quatre jours dans mon service. Ils encaissent le coup, et l'inquiétude de la mère est manifeste : « Vous le surveillerez bien au moins ! ? » Pour rassurer Jordan, j'indique que ses parents pourront venir le voir chaque jour s'ils le veulent et qu'ils peuvent d'ailleurs faire un tour dans le service dès maintenant.

Deux mois plus tard, retour de la famille avec la valise de Jordan.

« Parce que je bouge trop ! »

Dès son arrivée je vais le voir dans sa chambre. Tandis que je lui parle, il fait des roulades sur son lit, tombe à terre, se relève, remonte, arrange ses couvertures, ouvre son placard, le referme, refait une roulade.

— Est-ce que tu sais pourquoi tu es ici ?

— Parce que je bouge trop !

— Comment ça se passe à la maison ?

— Je me fais gronder parce que je suis nul.

— Et à l'école ?

— Personne ne veut jouer avec moi.

Dans le couloir Jordan continue son cirque, parfois il heurte le mur. Je l'accompagne à la salle de jeu où une éducatrice va observer et noter tous ses faits et gestes. Ainsi quatre jours de suite.

À table il a du mal à rester assis. Les autres ne vont pas vers lui. L'après-midi sur l'aire de jeu, c'est pire, ils le fuient. Car il leur grimpe dessus et les bouscule pour aller plus vite au toboggan. Ses gestes sont brusques, en fait il est maladroit. Un peu gauche même. Au basket il manque d'équilibre et de coordination. Lors de l'examen clinique, le pédiatre relève chez lui une certaine immaturité en décalage avec sa grande taille. Un mètre vingt-deux à six ans, c'est toujours difficile à gérer pour un enfant encore bébé, car son entourage va avoir tendance à lui demander plus qu'il ne peut offrir.

Bilans ophtalmologique et sanguin, électroencéphalogramme et cardiogramme, recherche chromosomique, les contrôles ont conclu à un état normal. Au cours de la semaine, Jordan se révèle touchant, conscient de ses difficultés. Mais terriblement distrait, toujours une oreille qui traîne, attentif uniquement lorsqu'il se retrouve en tête à tête avec un adulte. Et un besoin évident d'attirer l'attention sur lui en faisant le mariole. Plutôt joyeux et espiègle, avec des intermèdes de tristesse et des phrases d'adulte : « C'est dur, mais c'est la vie. » Il culpabilise de faire du mal aux autres et formule un désir de changer : « Je voudrais arriver à obéir. »

Au fil des tests, la psychologue note qu'il finit ses épreuves, malgré sa dispersion, avec des compétences indiscutables mais un vrai problème dans la réalisation de tâches complexes, non verbales. Physiquement un peu perdu dans l'espace.

Sans a priori de départ

Je me fais petit à petit une idée du profil de Jordan. Manque de contrôle de lui-même et impulsivité, mais ce n'est pas de sa faute. La cause est d'ordre « instrumental ». Une immaturité au niveau du cortex pré-frontal qui ne lui permet pas de contrôler ses débordements ni de maintenir son attention. Ce déficit le pénalise pour trier les informations qui lui parviennent. Donc elles le submergent. Son problème neurologique est doublé d'une souffrance affective. Il est très anxieux et de l'avis de l'ensemble de mon service, il peut faire preuve d'agressivité, tenir tête à un adulte longtemps et même arriver à taper sur un copain s'il est frustré. Puis le regretter immédiatement. Conclusion : « Hyperactivité* avec déficit d'attention. » Un petit garçon qui se met en danger, qui est rejeté par les autres et qui est bien parti pour rater son passage en CP.

À la fin de la semaine de bilan, j'accueille ses parents qui reçoivent tout d'abord une avalanche de compliments sur leur fils. C'est bien la première fois ! Il est attachant, malin, coquin... Ici tout le monde a craqué pour lui. Je raconte ses journées, le plus de détails possible et comment nous sommes arrivés à notre conclusion. J'explique qu'on peut proposer un traitement capable d'aider Jordan, à la fois, à canaliser son impulsivité et à apaiser son anxiété. Je sens leur réticence, mais le cas de leur fils me paraît sévère, on ne peut pas le laisser comme ça. Qu'ils ne s'inquiètent pas, l'anxiolytique que je prescris n'est qu'un aspect du traitement. Le reste est une mission que je leur confie, une sorte de programme « d'accompagnement » à réaliser à la maison. Une série de conseils et de recettes qui vont l'aider à renouer avec lui-même et le monde qui l'entoure. Son problème neurologique ne se guérit pas, il doit apprendre à vivre avec, il faut lui montrer le chemin de la vie « normale ».

Besoin de repères

Jordan a besoin d'un cadre strict. De repères pour lui permettre de s'organiser : horaires fixes pour les repas, le coucher, etc. Il faut être ferme, ne pas argumenter. Fractionner son temps de travail, éviter le bruit autour de lui. Tolérer qu'il bouge un peu, l'inscrire à des activités extérieures, au foot par exemple pour y apprendre le sens des règles, etc.[1].

« Ça fait plaisir de se sentir compris, n'arrête pas de dire la maman. C'est pas perdu alors, on va peut-être s'en sortir ! »

Je prescris des séances de psychomotricité pour que Jordan apprenne à mieux maîtriser ses mouvements et à s'orienter dans l'espace. Un suivi psychologique

1. Voir page 259.

pour qu'il se débarrasse peu à peu de l'anxiété qui l'encombre. Je note d'adresser une lettre à la maîtresse, à laquelle je joindrai une liste d'astuces pour élèves hyperactifs : l'installer près d'elle, le désigner d'office chaque fois qu'il est question de se déplacer dans l'école, répéter les consignes en cherchant son regard, surtout ne jamais le priver de récréation !

Rendez-vous dans trois mois, juste avant son entrée en CP. Et ainsi de suite, deux visites par an, plus un petit coup de fil par-ci, par-là. Il faut du temps pour remettre Jordan sur les rails. Le médicament contre l'anxiété que je lui ai prescrit a produit l'effet attendu. Progressivement son anxiété s'est éloignée au profit d'une gaieté retrouvée. L'atmosphère à la maison n'a plus rien à voir, le moral refait surface, des projets sont dans l'air. Reste un problème : il bouge toujours et beaucoup trop. L'école s'en plaint et le menace de renvoi. Pour des raisons de discipline. Au bout de trois mois, son CP est compromis. Il a six ans passés, je recommande alors de passer à un psycho-stimulant, le médicament approprié à ce type d'hyperactivité. Le suivi psychologique n'a pas débuté, faute de place. Par contre, la psychomotricité a démarré et l'enchante. J'insiste auprès des parents pour qu'ils resserrent les boulons à la maison. Je leur remets ma petite liste de conseils et recettes pour un régime anti-hyperactivité.

Un petit garçon transformé

Finalement, Jordan passe en CE1, dans le même établissement. Je le revois en cours d'année. Et là, le changement est spectaculaire. J'ai devant moi un grand garçon, qui me demande, les mains dans les poches, s'il peut me voir seul. Il m'a amené son cartable. Séance épluchage des cahiers.

— T'as vu celle-là ? Et celle-là… et ça c'est bien non ?

— Tes notes sont bien meilleures, je suis fier de toi !

Et puis explosion de joie, une seule remarque sur la discipline depuis le début de l'année ! On papote tous les deux, il me parle surtout de ses deux petites sœurs, deux et quatre ans, qui l'embêtent tout le temps. La petite lui déchire ses cahiers, l'autre lui prend ses affaires. À la maison il ne se fait plus gronder, à l'école encore un peu. « Je crois bien que je suis guéri ! » Il m'a épaté ce jour-là. Il n'a tout de même que sept ans et demi…

Ses parents nous rejoignent, la petite dernière est là, en effet très speed ! « On revit, on peut enfin aller au restaurant. » La maman est enthousiaste mais lucide : « Jordan est encore difficile c'est sûr, ça n'a plus rien à voir… on a enfin une vie normale. » Et c'est exactement ça. Bien sûr Jordan n'est pas guéri, il a encore la bougeotte, il est impulsif mais plus de façon pénalisante. Son comportement est devenu « supportable » pour lui, et son entourage. Même s'il est toujours le premier à sortir de la classe en bousculant les autres (ce qui agace la maîtresse…), même s'il est parfois impertinent, s'il tape sur sa petite sœur ou si une crise se déclenche quand les devoirs durent trop longtemps le soir. Il n'est plus dans l'excès, ses sautes d'humeur sont comparables à celles des autres enfants de son âge. Je pense qu'il est en bonne voie mais encore fragile. Je sais que ses parents sont parfois un peu laxistes, pas assez fermes. De plus, je sens une ambiance survoltée à la maison. Alors pour protéger Jordan, être sûr qu'il va continuer de progresser, je prescris de rester sous médicament encore quelques semaines. Une béquille dont il a besoin pour ne pas replonger dans l'enfer d'une vie chaotique, vouée à l'échec. Je souhaite qu'il soit également accompagné par une psychologue. Je connais l'équipe du centre médico-psychologique de cette petite ville de Savoie. Il y trouvera un accueil adapté. Quant à nous, rendez-vous dans un an.

Yann : « J'aimerais tant être capable… ! » Quand les difficultés persistent au lycée

La mère de Yann m'appelle en pleurs. Elle ne veut pas me déranger, mais il y a urgence dit-elle : « A la maison on n'en peut plus… ils veulent l'orienter en BEP, il ne passera jamais en seconde… »

Je connais Yann depuis toujours. Ses parents sont des amis. Je me souviens de cet enfant chaleureux qui tout petit rêvait d'être architecte. Or, malgré des soirées de travail assidu avec sa mère, actuellement il plafonne, il ne retient pas ce qu'il apprend et cumule les étourderies qui vont jusqu'à oublier de tourner la page et de faire l'exercice suivant. Voire de rendre sa copie. En fait les compétences de Yann n'ont jamais été réellement évaluées. Pourtant le couperet est tombé : « Pas le niveau… orientation à prévoir. »

Je reçois Yann quelques jours plus tard. Je ne l'avais pas revu depuis huit ans. La rencontre avec un adolescent que l'on a connu tout jeune est toujours une étrange sensation, mélange de nostalgie et de curiosité, la confirmation sans appel du temps qui passe… On cherche dans les traits juvéniles l'enfant que l'on a connu.

Le désir d'être compris

Yann me sourit, heureux d'entrevoir un début de compréhension, à défaut d'une solution.

Je me replonge dans son histoire : père breton, avocat reconnu et peu disponible. Mère qui travaille avec son mari. Une sœur aînée brillante.

Le bulletin scolaire, excellent indicateur, est édifiant : « Grandes difficultés en français et en maths ; bons résultats en histoire et en sciences de la vie et de la terre, surtout arts plastiques. Manque constant d'attention et de concentration… » Yann est désolé : « Je n'y arrive pas et je fais de la peine à mes parents. J'aimerais tant être capable… » Désarmant et désarmé… avec l'impression que tout est déjà joué.

Son aisance verbale me surprend, de même que sa motivation extrascolaire : musique, VTT, ski et snow-board sont autant de plaisirs qu'il partage avec des amis fidèles. Pas l'ombre du début d'un trouble psychologique, excepté le retentissement douloureux d'un échec scolaire qui le navre.

La peur du QI

J'ai besoin d'y voir plus clair et prends rendez-vous pour un Quotient Intellectuel. Cette perspective l'angoisse. Il a peur de recevoir la confirmation de son incompétence, de son incapacité définitive à répondre aux attentes de ses parents... ! Je lui explique le sens du test. « Le chiffre global, on s'en fiche, mais on comprendra mieux tes points faibles et tes points forts et surtout les stratégies que tu utilises pour apprendre, mais aussi celles qui te manquent... » L'évaluation du Quotient Intellectuel se déroule dans un climat de confiance. La psychologue a su trouver les mots qui dédramatisent. Le résultat est riche d'enseignements.

En fait, Yann est un enfant précoce. Mais ses résultats sont hétérogènes, c'est-à-dire qu'ils peuvent monter très haut comme s'effondrer brutalement. C'est le cas en particulier des épreuves les plus scolaires. Alors que l'intelligence est omniprésente et explose dans les questions « ouvertes ». En revanche, quelques points faibles (orientation dans l'espace et dans le temps, logique et attention) méritent que l'on s'y attarde afin de les améliorer par une aide spécifique.

La communication du résultat à Yann et à ses parents est un grand moment. Peut-être doutent-ils un peu de l'authenticité des scores en raison des liens affectifs qui nous lient. Je leur livre donc les comptes rendus bruts du bilan psychologique, objectifs et pertinents. Pas de doute, Yann est bien surdoué.

Fort de cet éclairage le passage en seconde est demandé et obtenu. Une psychomotricienne va l'aider à compenser ses troubles d'orientation dans le temps et l'espace, tandis que je suggère que Yann bénéficie d'un soutien scolaire. Mais cette fois-ci, en dehors de la maison. En effet trop de charges affectives pèsent sur l'accompagnement maternel. On sait que l'aide apportée par les parents au travail scolaire est souvent inefficace à l'adolescence, moment crucial où l'obligation de couper le cordon familial fausse les liens les plus cordiaux. Et en particulier lorsque l'on s'entend bien ! L'échec scolaire devient alors l'expression du malaise d'un adolescent qui n'a pas d'autres moyens de manifester son opposition. L'appui parental se transforme même en un obstacle supplémentaire : l'excès d'insistance entraîne un excès de résistance. Inconsciemment mais sûrement...

Sorti d'affaire... ou presque

Aidé par un jeune étudiant et confirmé dans ses compétences par l'évaluation de son QI, Yann rebondit. Il se sent capable de choisir une section qui lui convient parfaitement. Et il s'en sort !

Deux ans plus tard, il se souvient que je l'avais alerté sur l'existence d'un déficit d'attention, bien lisible sur le profil du QI puisqu'il avait chuté à certaines épreuves spécifiques. En terminale, il m'adresse alors un mail : « Salut, c'est Yann... ça va. Je vais passer le bac. Mais je fais vraiment trop de fautes, très bêtes en plus ! Ça m'énerve. Tu m'avais parlé d'un médicament... »

Re-tests. Une journée dans le service pour évaluer son attention, sa concentration et ses capacités d'anticipation. Les résultats aux tests de « Stroop », de « Trail Making » et des « Cloches »[1] sont sans appel : Yann souffre d'un déficit d'attention comme certains hyperactifs, mais l'agitation et l'impulsivité en moins. Ce qui explique qu'il n'ait jamais été pris en charge pour ce motif. Cela ne se voyait pas !

Il se montre très motivé et désireux de s'en sortir. La psychologue est sous le charme. Rare de voir un ado si coopératif ! Pour l'encourager, on lui propose un traitement médicamenteux. L'essai porte ses fruits. Yann obtient le coup de pouce qui lui manquait. Il nous adresse par la suite un de ces mails qui renforcent une équipe et l'encouragent à persévérer dans la voie qu'elle s'est tracée : « Après une semaine de traitement, je n'ai eu que des compliments et mes résultats sont en hausse. Remercie toute ton équipe... »

J'ai dîné récemment chez ses parents. Leur amitié est sincère, fidèle, leur reconnaissance, sans doute excessive, car la réussite de leur fils est le fruit d'une collaboration, parents-enfant, enseignants-médecin et rééducateurs. Une chaîne qui a fonctionné cette fois-ci sans fausse note, seule condition pour aboutir à un résultat. Pour Yann c'est gagné, il est en première année d'architecture. Comme il l'avait rêvé.

À la fin du repas il nous a présenté ses peintures. C'est doux, riche, naïf et très beau. « La dernière je

1. Voir le chapitre sur les évaluations page 245.

ne sais pas si je vous la montre, c'est personnel et pas terminé... » Devant notre insistance il finit par se décider et exhibe un auto-portrait : sourire mystérieux, visage noir sur fond rouge. L'espace d'un instant, j'ai cru y déceler un clin d'œil complice...

L'hyperactivité : « On se calme ! »

Insupportables au point d'avoir envie de leur taper dessus ! C'est la petite fille qui n'en fait qu'à sa tête dans *Les Malheurs de Sophie* ou encore le petit Abdallah dans *Tintin au pays de l'or noir*. On peut penser que dans leurs cas, une bonne fessée et le tour est joué. Alors qu'en fait, on est loin de la faute éducative ou du schéma classique de l'enfant gâté. Ils débordent d'énergie mais on sent qu'ils ne le font pas exprès, tout comme Tom Sawyer, qui provoque et transgresse sans cesse, même si sa vie est une vraie galère.

Dans la vraie vie, ils ont souvent des prénoms de petits durs, ils s'appellent Brandon, Kévin ou Brian, et ce n'est pas toujours un hasard. Ces prénoms de héros s'imposent dans la tête de parents désireux d'un petit garçon « qui ne se laissera pas marcher sur les pieds ». Et quand les bêtises commencent, la charge émotionnelle contenue dans le prénom met de l'huile sur le feu. Pour être à la hauteur du rôle que ses parents ont rêvé pour lui, le petit intrépide en rajoute. Et si en plus il est prédisposé aux débordements et qu'il n'arrive pas à se contrôler, son prénom est le petit plus qui va booster son hyperactivité.

Joyeux de nature, le sourire facile de ces petits Starsky et Hutch s'ouvre sur une incisive cassée, leurs bras et leurs genoux sont couverts de bleus, des points de suture décorent leur visage et leur carnet de santé révèle plusieurs passages aux urgences pour traumatismes divers.

Très vite ils se font remarquer

Ce sont des enfants-stars malgré eux dont le parcours chaotique se termine parfois mal. Des enfants dont l'histoire est marquée très tôt par le rejet et les ruptures. Terreurs du square et vedettes du quartier, ils n'existent qu'à travers les surnoms de « Castafiore » ou « mac Gyver », leurs exploits font le tour de la famille. « L'autre jour il a descendu les escaliers en vélo », « il a ouvert la fenêtre, on l'a retenu à temps », et d'ailleurs dans la famille on jase : « on se demande comment il est élevé celui-là ».

Leur carrière commence dès leurs premiers pas. Jordan s'est fait virer de la crèche à un an et demi : plus dégourdi que les autres, il s'amusait à pousser ses petits camarades assis en rang d'oignons et à les faire tomber les uns après les autres, comme des dominos. Impossibles à faire garder, ces petits costauds changent de nounou en permanence, ils sont invités aux goûters d'anniversaires une fois mais pas deux. Au foot, Brandon quittait son poste de goal pour aller boire, ses copains ne l'ont pas supporté longtemps. En maternelle, la maîtresse sortait Dylan de la classe lors des visites de l'inspecteur : « On ne sait jamais ce qui peut lui passer par la tête. » Chez eux tout est excessif, ils ont les symptômes du « trop » : trop bruyants, trop intrépides, trop tête en l'air.

À six ans, après un mois et demi de CP, ils déboulent en consultation avec des parents au bord de la crise de nerfs. Tous les clignotants sont au rouge. En maternelle le petit monstre pouvait encore les faire rigoler mais depuis l'entrée en primaire le couvercle de la cocotte-minute a sauté. Rester assis toute la journée et lever la main avant de parler, autant lui demander d'arrêter de respirer. Alors les punitions pleuvent, à la maison l'ambiance se dégrade, et de remontrances en disputes il perd peu à peu confiance en lui. L'estime qu'il a de lui-même s'effiloche. À force d'être remis en place et de se faire traiter de tous les noms d'oiseaux, il trouve la vie injuste. Il va bientôt se considérer comme nul. La dépression n'est pas loin.

Un enfant agité doit être pris très au sérieux. Dans 5 pour cent des cas, il n'y peut rien. Que l'on soit ferme ou gentil avec lui, rien ne peut l'arrêter, il est fait comme ça, son trouble est constitutionnel. Il serait lié à un manque de dopamine, une substance présente dans le cerveau et responsable de la vigilance. Cela a été confirmé par des examens d'imagerie cérébrale : les régions du cortex impliquées dans l'attention et le contrôle de l'impulsivité sont moins efficientes.

L'origine de son agitation est neurobiologique et il faut surtout bien comprendre que s'il bouge c'est parce qu'il n'est pas concentré. Et non l'inverse ! Cette thèse biologique est soutenue par les Anglo-Saxons, qui ont observé que les enfants atteints d'encéphalites ou d'abcès cérébraux dans les régions frontales vivaient leur pathologie de façon très agitée. Ils ont donc fait le lien entre une atteinte cérébrale et l'hyperactivité. « Pas d'accord », ont longtemps dit les Français pour qui ce trouble moteur ne devait son origine qu'à des problèmes relationnels. Aujourd'hui ces deux extrêmes ont tendance à se rejoindre et un consensus médical s'est établi sur un dysfonctionnement au niveau du cerveau, qui s'aggrave quand l'enfant ne bénéficie pas d'un environnement favorable.

Pas plus de quinze minutes

En classe, il a du mal à maintenir son attention (pas plus de quinze minutes), alors il s'évade dans sa tête et le discours de la maîtresse s'éloigne... Tout ce qui se passe autour va le parasiter : il ramasse sa gomme par terre, en profite pour regarder derrière lui, puis s'intéresse au passage d'une mobylette dans la rue. Complètement dispersé, il finit par s'impatienter et remuer dans tous les sens. On fait tous ça devant un film qui ne capte plus notre attention. Mais à l'école, pas question de quitter la salle.

Un soudain « Bryan, qu'est-ce que j'ai dit ? » le rappelle à l'ordre. Trop tard. Bryan a zappé les consignes. Collé.

Et ce « pas de récré » va aggraver les symptômes. Encore plus que les autres il a besoin de se défouler. Privé de sa soupape, il n'en sera que plus intenable lors de la poursuite du cours. Et bien sûr, en fin d'année, son bulletin affichera « n'a pas acquis les bases, doit redoubler ». C'est l'engrenage.

Une vie gâchée

Au collège, sa réputation est faite. Il se sent vraiment à côté de la plaque, il prend des risques pour exister, se grise de vitesse sur un scooter, ou surfe sur les barres rocheuses. Au lycée, le processus s'aggrave. Il passe à l'acte, peut devenir toxicomane ou se frotter à la délinquance. Une sorte d'automédication inconsciente. Un besoin de stimulants pour se sentir bien. C'est sa maladie elle-même qui induit ce comportement à risque.

Adulte, il n'arrive toujours pas à se poser, se mêle de tout et fatigue son entourage. Il ne garde aucun boulot longtemps. Quant aa s'installer dans la stabilité en famille, pour lui on oublie ! Bilan à la cinquantaine, il parle d'une vie gâchée et sombre dans la déprime. Cet homme qui ne tient pas en place, qui se consume inutilement et qui se hâte pour finalement arriver plus vite au rendez-vous avec la mort, Paul Morand en a fait le héros d'un de ses livres[1] : « La seule explication c'est que je possède un don fatal... celui de la mobilité. Une malédiction veut que je sois lancé au galop dans un univers qui trottine. »

Un diagnostic facile

On peut casser cette spirale de l'échec qui guette au moins cinquante pour cent des hyperactifs non soignés. Aujourd'hui, un diagnostic rigoureux est possible. On sait faire. Il est fiable dès six ans et permet de remettre les pendules à l'heure.

La toute première question posée aux parents est essentielle : « Où et depuis quand ? » Si la réponse est : « Il bouge tout le temps, à l'école, à la maison et même en vacances. » L'indice est fort. Et encore plus pertinent si la réponse est « depuis toujours ». Il arrive que certaines mamans se souviennent que déjà dans leur ventre le bébé bougeait beaucoup !

En revanche si le comportement de l'enfant change brusquement, s'il est agité depuis Noël et qu'avant il ne l'était pas c'est le signe qu'il y a autre chose. On est dans le domaine du réactionnel. Ce trouble intermittent et passager n'est pas constitutionnel. Ce gosse ne fait que réagir, bruyamment, à un environnement qui ne lui convient pas, peut-être à une carence affective. À moins qu'il n'exprime

1. Paul Morand, *L'Homme pressé*, Gallimard.

ainsi un souci qui le perturbe et l'entraîne dans un moment de déprime. Les causes de son agitation sont alors à rechercher dans sa pensée et son entourage.

Autre cas de figure, c'est à l'école qu'il bouge et uniquement dans ce cadre-là. Il faut alors se demander s'il ne se heurte pas à des difficultés de compréhension. S'il est dyslexique par exemple et qu'il ne comprend pas les consignes, le cours va lui passer au-dessus de la tête. Résultat il va se laisser distraire par tout le reste et son attitude va en subir les conséquences, il va devenir remuant et se tailler une image de trublion. Mais contrairement aux apparences, ce n'est pas un « vrai » hyperactif.

Le « vrai » hyperactif ne tient pas en place, il est impulsif et n'arrive pas à se concentrer. En toutes circonstances. Il souffre d'un Trouble Déficitaire d'Attention avec Hyperactivité appelé TDAH. L'Organisation mondiale de la santé parle d'« hyperkinésie ».

Il passe du rire aux larmes, ne supporte ni les contraintes ni les frustrations. Il ne peut pas se contrôler. Pour lui cour de récré et salle de classe, c'est du pareil au même. Idem pour punition ou récompense qui n'ont pas de prise sur lui. Il perd régulièrement ses affaires, ne termine jamais ce qu'il entreprend, saute du coq à l'âne et finit par lasser ses copains. Même la télé ne le calme pas longtemps, quant aux consoles vidéo, elles sont redoutables pour lui, il joue le jeu à fond et suit la cadence infernale de ses petits héros hyper-speed ! À éviter...

Socialement il est grillé. Perçu d'emblée comme « mal élevé », il aggrave son cas en passant pour « grossier », par le peu d'« attention » qu'il semble porter aux autres.

Les tests neuropsychologiques spécifiques que l'on utilise aujourd'hui permettent de confirmer, sans se tromper, ce qui pénalise les hyperactifs : un manque de stratégie et d'anticipation, une difficulté à soutenir leur attention et à filtrer les informations pertinentes, un manque de flexibilité mentale, c'est-à-dire la capacité à revenir sur une erreur et enfin, une impulsivité de tous les instants.

Diagnostic et traitement

Pour que le diagnostic soit rigoureux, il faut le faire à l'hôpital, ou dans un centre de neuropsychologie qui permet de vérifier toutes les hypothèses pouvant conduire à une hyperactivité. On peut aussi éliminer une origine génétique en faisant une recherche sur le chromosome X dont l'altération peut être responsable d'une agitation. Et lorsque l'hyperactivité, correspondant à la définition officielle de TDAH, a été mise en évidence, on peut envisager un traitement. Seulement dans ce cas. On dispose pour cela d'un psycho-stimulant connu depuis très longtemps et efficace. Ce médicament, proche des amphétamines, stimule la transmission de la dopamine dans le cortex cérébral et améliore la capacité de concentration ainsi que la vigilance. Aux États-Unis, certains médecins recommandent aux enfants agités un grand bol de café noir au petit déjeuner ! Car le but est de stimuler, et non l'inverse, pour que l'attention et l'impulsivité soient mieux canalisées. L'effet du médicament est immédiat. Il n'est prescrit qu'à partir de six ans, seulement pendant les jours d'école et lorsque l'enfant est pénalisé à la fois dans sa vie scolaire, à la maison et dans sa vie sociale. La prescription doit être limitée dans le temps, l'objectif est d'accompagner l'enfant et de le réconcilier avec l'école et son entourage. Et par là avec lui-même[1]. Aux États-Unis trois millions d'enfants en prennent, en France ils sont cinq mille. Entre le trop et le pas assez, un juste milieu doit être atteint. Si les petits Américains en prennent à tort et à travers, en France ce psychostimulant est sous-utilisé, et beaucoup d'enfants sont laissés sans soin. Or, s'ils en ont besoin, c'est une faute de ne pas les soulager.

Un instituteur du midi de la France avait confié aux parents de l'un de nos petits patients : « Ce n'est pas à Lyon que vous êtes allés, c'est à Lourdes ! » Le médicament avait produit sur lui un effet spectaculaire, mais dont il faut cependant se méfier. Si cet impact « magique » peut satisfaire les parents au point d'en rester là, c'est justement ce qu'il faut éviter. Car la prescription doit se faire avec l'objectif de l'arrêter dans un délai raisonnable, quand l'enfant a compris comment mieux se gérer. Elle

1. Voir chapitre page 233.

n'est d'ailleurs qu'un outil dans l'arsenal thérapeutique.

Le reste est une question d'environnement. Une sorte de régime « hyperactivité-light » qui peut faire des miracles, parfois permettre l'arrêt du traitement au bout de six mois. Mais à condition que les parents assurent. Qu'ils remplissent leur rôle à fond. C'est leur seule chance de désamorcer la petite bombe qui menace d'exploser à la maison.

Un cadre éducatif est en effet fondamental. Il permet à l'enfant d'intégrer les règles sociales, et lui évite de courir de gros risques avec la justice. Cet objectif ne peut être atteint sans un accord parfait entre les parents. Une dissonance dans le couple, c'est la brèche dans laquelle il s'engouffre. Une bonne raison pour lui d'échapper aux contraintes.

Un jour le petit Brandon s'est retrouvé à l'école en pyjama ! Lassée par les drames qui se répétaient chaque matin : « Brandon habille-toi, Brandon dépêche-toi... » sa mère a dit un jour : « Bon, le docteur a conseillé d'arrêter les conflits, d'agir... Allez c'est l'heure, tu vas à l'école comme ça ! » Ça lui a servi de leçon ! Depuis il a l'œil sur la pendule le matin et s'active pour se préparer.

S'il ne faut pas hésiter à être ferme, voici aussi une série d'astuces capables d'améliorer avantageusement la vie à la maison. Des recettes qui vont devenir des automatismes pour l'enfant et qui vont l'aider à apprendre à moins se disperser. À suivre sans modération.

Trucs et astuces

Puisque l'enfant hyperactif, plus encore que les autres, a besoin de repères, il faut organiser ses journées et respecter des horaires fixés à l'avance. Il doit faire ses devoirs, manger, se coucher à des heures régulières. Et pour obtenir son adhésion, penser à afficher le programme au-dessus de son lit. Adopter à son égard un comportement qui a fait ses preuves : la « fermeté bienveillante ». L'attitude idéale, car face à trop de fermeté, il déprime. Trop de laxisme, il prend le dessus. Et surtout être simple et clair dans ses exigences. Lui dire : « Tu te tais quand je téléphone », pour qu'il ne se perde pas dans les méandres du langage en entendant : « Est-ce que tu pourrais t'arrêter de crier quand je décroche le téléphone, cela va encore m'agacer et compliquer nos relations. »

Pour ne pas l'embrouiller davantage, lui adresser une seule consigne à la fois et éviter tout ce qui peut le distraire pendant les devoirs, comme la télé dans sa chambre ou sa petite sœur qui braille au pied du bureau. Quant à sa bougeotte chronique, mieux vaut la tolérer par moments, au risque qu'elle ne déborde. Il peut donc se lever de table une fois ou deux (pas plus !) et apprendre sa poésie en lançant une balle de tennis contre le mur, ou en faisant des roulades. Pourvu qu'il la sache par cœur…

Histoire d'assurer un départ pour l'école dans la sérénité, il est vivement conseillé de renoncer aux chaussures à lacets et aux boutons, de choisir tout ce qui s'enfile facilement et de préparer ses affaires le soir. Il va sans dire qu'il est indispensable de limiter les jeux vidéo et les films violents. Il va aussi falloir être attentif à son moral, éviter les coups de blues qui durent et pour cela lui dire clairement : « C'est ton comportement qui est parfois insupportable, ce n'est pas toi. »

Quand le couvercle saute, l'urgence est de le sortir du contexte, de l'accompagner dans une pièce au calme et de rester avec lui le temps de faire baisser la pression. Une minute par année d'âge, six ans six minutes, etc. Autre astuce, pratiquer le « stop, think and go » qui deviendra un automatisme imprimé dans sa tête : « avant de faire une ânerie, je m'arrête, je réfléchis et je fais autre chose », cela lui évitera de se précipiter sur sa sœur pour lui taper dessus ou de parler avant de lever la main. La façon moderne du « tourner sept fois sa langue dans la bouche ».

Et puis, il y a toujours une grand-mère, une tante ou une nounou qu'il aime bien. Lui confier un week-end de temps en temps. Histoire de souffler un peu. Enfin, ne pas oublier de lui dire qu'il ne le fait pas exprès, qu'il s'agit d'une maladie dont on s'occupe tous ensemble.

Plus tard...

L'hyperactivité peut se guérir toute seule à l'adolescence. C'est vrai dans environ un tiers des cas. Mais quand le trouble ne passe pas, qu'il n'est pas soigné et que l'entourage tarde à réagir, certains hyperactifs évoluent mal. Ils peuvent même tomber dans l'excès d'alcool ou de drogue.

Les autres gardent les symptômes toute leur vie, avec plus ou moins de bonheur ! La plupart se taillent une réputation de « tête en l'air » et de « butineur » qui les rend peu fiables. En grandissant, l'agitation disparaît mais le déficit d'attention persiste et devient leur problème numéro 1. Leur existence se passe à zapper. Et ils en souffrent. Clients assidus des cabinets de psychothérapie, pour eux il existe également un traitement dont l'efficacité est en cours de validation. L'origine de l'hyperactivité étant souvent héréditaire, certains parents ouvrent les yeux sur leur cas personnel au moment où le diagnostic de leur enfant leur est révélé. Un peu comme un indice met sur la piste d'une enquête de police « mais c'est bien sûr ! ».

Certains s'en sortent, on parle même d'« hyperactifs réussis », il s'agit de ceux qui arrivent à canaliser ce trop-plein d'énergie et qui en font une force. On les retrouve dans la restauration, la politique, le show-biz ou le journalisme. C'est en effet dans les métiers de communication qu'ils s'expriment le mieux, sans doute parce qu'ils y satisfont leur appétit de reconnaissance sociale et leur penchant à toujours vouloir en faire « trop »...

Sans compter les femmes qui sans une dose d'hyperactivité n'arriveraient peut-être pas à faire leurs deux journées en une, à être chef d'entreprise tout en élevant trois enfants. Des femmes qui peut-être détiennent le secret d'un excès d'énergie bien maîtrisé...

Ambre : — Et la maîtresse ?
— Périmée !

« Bonjour, je suis le docteur Revol, je vais te recevoir dans quelques minutes... » La fillette esquive la main que j'allais poser sur sa tête, les yeux verts me foudroient, tandis que j'entends dans un soupir agacé : « Le geste con de tous les médecins... » Et tout y passe, j'ai droit au rituel du parfait ado excédé par un adulte : les yeux au ciel, le haussement des épaules et le mépris total du regard qui m'ignore et préfère se replonger dans un bouquin. Mais là je suis soufflé, Ambre n'a que neuf ans !

À la fois amusé et penaud je la reçois dans mon bureau. Sa mère gênée me tend la lettre du médecin scolaire qui souhaite un avis sur les difficultés qu'Ambre rencontre à l'école : « D'énormes problèmes relationnels avec ses camarades, des résultats qui peuvent être aussi bons qu'ils peuvent être mauvais et une institutrice déstabilisée, en demande d'explications. »

Ambre est en CM1, avec un an d'avance gagné en sautant le CP grâce à la lecture qu'elle a acquise toute seule en fin de maternelle. Mais cette année, elle décroche, n'écoute pas en classe et se désintéresse du cours. À la maison, « elle est stressée, agressive et autoritaire avec sa sœur ». Sa maman, qui est éducatrice, poursuit : « On ne la comprend pas. »

Scotchée à son livre, Ambre exprime par des mimiques et des sourires moqueurs qu'elle n'en perd pas une miette : « Elle a toujours été difficile, exigeante, refusant d'aller se coucher, collée à nous tout en revendiquant son indépendance. Elle a peu d'amis, toujours dans ses livres, ou Internet et puis ces questions incroyables qu'elle pose à longueur de temps et cette façon de s'énerver si on ne répond pas. Il faut dire qu'expliquer pourquoi Dieu est invisible, ça ne s'improvise pas ! » Son père, mécanicien, est plutôt sévère et du genre à ne pas s'en laisser conter. Ambre fait de la guitare, du sport mais dans tous les domaines c'est pareil, quand elle n'y arrive pas tout de suite, elle s'énerve. Ses colères avaient commencé en dernière année de maternelle. À l'époque les parents avaient été alertés : « Ambre ne suit pas le mouvement, elle n'a pas de copines, elle est à part. » Pourtant elle était toujours partante, classe verte, colos, elle en redemandait. La séparation ne lui pesait pas, mais partout on remarquait qu'elle était stressée. Et puis il y avait autre chose, que sa mère trouvait bizarre, Ambre appelait ses parents par leur prénom ! « Allez savoir pourquoi, encore une de ses tocades ! »

Je demande des détails sur l'école. Le dialogue avec la mère continue, Ambre ne participe toujours pas : « Ça ne va pas avec sa maîtresse, Ambre pique des colères quand elle se fait punir pour avoir oublié ses affaires... des lignes à copier, vous comprenez, elle trouve ça ridicule ! » Entre Ambre et son enseignante, le point de non-retour semble en effet avoir été atteint, « l'autre jour, les garçons du fond de la classe faisaient du bruit, la maîtresse a annoncé une punition collective, Ambre s'est levée pour dire : je refuse d'assumer votre incompétence, si vous ne savez pas tenir votre classe... ». Sûr qu'avec la maîtresse le courant ne passe pas !

— *Et tes amies ?*
— *Nulles !*

Je propose de voir Ambre seule. Quand sa mère quitte le bureau, la fillette soupire une fois de plus, regarde sa montre d'un air exaspéré. Je lui demande avec précaution si elle est d'accord avec ce qui vient d'être dit. Haussement de sourcils. Point final.

— Et ta maîtresse ?

L'index pointé vers la tempe fait une rotation rapide et explicite et la fillette lâche :

— Périmée !

— Tu penses qu'elle devrait voir un psychiatre et pas toi ?

— Ça c'est sûr !

Et elle sourit pour la première fois. Un sourire furtif mais qui m'encourage.

— Qu'est-ce qui se passe cette année en classe ?

— Rien justement, on apprend toujours les mêmes trucs.

— Et tes amies ?

— Nulles ! Elles s'intéressent qu'à des jeux de gamins…

Je la questionne sur ses goûts, ses loisirs… Elle aime lire, écouter des CD seule dans sa chambre.

Je tente :

— Lorie ?

Sa grimace est éloquente, l'air écœuré elle me lance :

— Non, du rock, Indochine, Noir Désir…

Déstabilisé, je tente une ultime reprise de contrôle :

— Noir Désir, tu es sûre ?

Je me dis qu'elle ne sait peut-être pas pour Vilnius… Erreur. Ses yeux expriment la colère, elle me rétorque :

— Vous en savez quoi de leur relation ?

C'est bien ce que je pensais, je dois montrer que je ne la prends pas pour une gamine si je veux que le lien se crée. Lui parler comme à une ado : qu'est-ce qui est si dur dans ta vie ? Que voudrais-tu changer ? Souhaites-tu que je parle à ta maîtresse ? Progressivement Ambre semble accepter l'idée d'un dialogue, voire l'éventualité d'un coup de main de quelqu'un d'extérieur. J'avance mes pions, je me risque dans l'hypothèse que lorsqu'elle s'ennuie à l'école elle se met à penser à des choses qui la dépassent. Là, je l'épate, c'est bien la première fois : « Comment vous savez ça, vous ? » Puis elle ne cherche plus à cacher sa tristesse quand je lui dis qu'elle a sûrement du mal à parler de tout ça avec ses amies. « Ici tu peux, tout ce que tu dis est secret... » J'essuie alors une salve de questions sur la vie après la vie, l'origine de la planète ou le risque nucléaire.

L'atmosphère se détend, Ambre n'arrête pas de parler et commence à me confier ses petits secrets :

— Comme j'ai des problèmes avec tout le monde, j'ai voulu un hamster, pour pouvoir tout lui dire, sans qu'il me juge.

— Et qu'est-ce que tu lui racontes ?

— J'ai peur que mes parents divorcent. Ma sœur fait exprès de me faire hurler pour que je me fasse gronder. J'ai peur que mon grand-père meure. J'en ai déjà perdu un.

Elle se met à pleurer.

— Et avec tes parents ?

— Ça va, mais je suis en conflit avec eux et je n'aime pas dire papa ou maman devant les gens.

Mais elle ne dit pas pourquoi.

Je lui dis qu'il est temps de se quitter et que l'on va se revoir, si elle est d'accord bien sûr. Et c'est alors qu'elle me fait cette remarque étonnante : « Ça fait tout de même deux ans que j'avais envie de venir ! » A sept ans cette fillette souhaitait voir un psychiatre ! Si petite et déjà si soucieuse...

Sa mère n'ose pas me demander comment s'est passé l'entretien, elle imagine le pire : « Est-ce qu'elle vous a parlé au moins ? » Je la rassure sur le comportement de sa fille et lui explique qu'il est trop tôt pour un diagnostic. Mais que d'évidence elle est anxieuse, assaillie de pensées noires et complexes. J'ai besoin de la revoir, de chercher pourquoi elle fait tout pour être désagréable et trouve un malin plaisir à se faire rejeter par tout le monde. Son cas nécessite en priorité une évaluation intellectuelle, un élément essentiel pour me permettre d'avancer. Prochaine étape donc, prendre rendez-vous pour un QI dans mon service.

Je les regarde partir toutes les deux et j'ai le bonheur d'entendre la petite Ambre dire à sa mère : « C'est trop d'la balle, un pédopsy, c'est comme un carnet secret, mais ça vous répond… ! »

Tout contrôler

Dans le courrier qui accompagne ma demande de QI, j'indique : « Un caractère un peu difficile. Ambre est autoritaire, insatisfaite, exigeante. Rejetée par les autres. En entretien elle évoque volontiers les problèmes avec ses copines, sa relation conflictuelle avec sa mère notamment à cause de l'école, son agressivité à l'égard de sa sœur. Son expression verbale est facile et contraste avec son apparence corporelle menue et sa petite taille. Son angoisse face à l'échec la pénalise. Ses activités extrascolaires se limitent à la guitare qu'elle pense pouvoir maîtriser de façon spontanée, en se passant de cours. Son désinvestissement scolaire est majeur, son anxiété permanente, l'effort de maîtrise constant. Ce qu'elle veut, c'est tout contrôler. »

Je m'y attendais, les tests confirment son avance intellectuelle, qui comme souvent, prédomine dans certains domaines : conceptualisation, capacité d'abstraction. Son QI est excellent. Total : 134. Ses scores aux épreuves « verbales » oscillent entre quatorze et dix-neuf (sur dix-neuf !). Elle est brillante. En revanche elle chute aux épreuves de « performances ». Son graphisme n'est pas très bon, elle est lente et manque d'attention (épreuves des codes et des symboles). Elle réussit en revanche parfaitement l'épreuve de « complètement d'images », à savoir compléter une image à laquelle il manque un détail. Les anxieux en recherche de perfection s'acquittent souvent fort bien de ce test. Méticuleux à outrance ils traquent le moindre détail.

Les conclusions de la psychologue expriment que l'écart entre les échelles verbales et de performances est significatif. Il est de vingt-huit points, ce qui laisse « suspecter un problème affectif sous-jacent ». Je ne suis pas tout à fait d'accord avec cette analyse. On sait que cette différence est assez classique chez les enfants précoces.

Le bilan précise : « Malgré d'excellentes capacités d'élaboration verbale, Ambre semble débordée par une angoisse importante. Son anxiété parasite ses performances, donc la déprime. Le surinvestissement du langage est le moyen de combattre un réel incertain. Insécurisée, elle s'oblige à tout maîtriser. La rigidité de ses défenses pèse sur la qualité de ses relations aux autres. Le goût pour l'intellectualisation et sa recherche de domination induisent une distance par rapport à son entourage. Dans ce contexte on ne peut que conseiller un suivi psychologique. »

On va la sortir de là

Lors de sa deuxième visite, Ambre arrive avec son père. C'est la première fois que je le vois. Il n'est pas bavard, je le sens légèrement sur la défensive. À mon avis il n'aime pas les psychiatres... Avec Ambre, désormais le courant passe, elle m'interroge du regard : « Alors t'as trouvé quelque chose ? » J'ouvre son dossier et j'attaque. Résultats, commentaires. Une heure.

En résumé, Ambre est une enfant précoce avec des décalages multiples : neuf ans et une intelligence de douze-treize ans, neuf ans pour une taille de sept ans. Vient se greffer là-dessus une trop grande anxiété qui se traduit par un questionnement en boucle, sur des thèmes abracadabrants et une anticipation permanente sur ce qui va se passer : « Et si l'ascenseur tombait en panne, et si je me retrouvais toute seule... » Ses résultats scolaires en dents de scie viennent de là. Ils fluctuent au gré de son angoisse. Son espace psychique parasité n'assimile plus les apprentissages. Dans son esprit occupé-préoccupé, plus de place pour l'école ! Mais comme avoir des mauvaises notes l'agace, Ambre se démotive. Finit par douter d'elle-même, ce qui complique encore sa vie. Car elle a besoin de tout dominer, c'est sa façon de calmer ses peurs.

Elle ne se laisse jamais aller, et cette attitude rigide la met en porte à faux avec ses copines. J'ajoute que son manque d'appétit est du même ordre que son désintérêt pour l'école. Pour elle qui intellectualise tout, la nourriture ne fait pas partie de son monde. Aucun intérêt.

Bref, Ambre est une enfant douée, elle vit cette différence comme un handicap, enfermée dans une bulle d'incompréhension, qu'elle protège de toute intrusion par son irritabilité.

Ambre ne dit rien mais elle est attentive, un petit sourire au coin des lèvres. Ses parents sont abasourdis. Ils semblent découvrir leur fille. Me demandent s'il y a quelque chose à faire : « Il va falloir un peu de temps, mais si tout le monde s'y met, on va la sortir de là ! »

D'abord mes conseils : échanger davantage avec leur fille. Ne pas se moquer de l'énormité de ses craintes et de ses questions, au contraire l'aider à s'épancher. Car il faut qu'elle parle, qu'elle parle... Au père je recommande de faire preuve de plus de bienveillance, Ambre m'ayant confié qu'elle était amoureuse d'un garçon du collège mais que son père ne voulait pas en entendre parler. Je demande aux parents de faire l'effort d'harmoniser leur attitude, leurs désaccords étant source d'inquiétude pour Ambre qui s'imagine, à chaque conflit, qu'ils vont divorcer. Je conseille de mettre la maîtresse au courant, afin qu'elle s'adresse à Ambre différemment, qu'elle approfondisse et enrichisse ce qu'elle lui transmet. Qu'elle s'intéresse à elle sans la blesser. Ambre fait la moue, elle n'a pas l'air d'y croire. Ensuite j'annonce qu'elle va faire de la sophrologie. Trois paires d'yeux me fixent… ? Une méthode de relaxation géniale, pour se détendre et calmer le stress. Parfait pour Ambre. Je lui prescris aussi un tranquillisant à base de plantes, un doux mélange d'aubépine, passiflore et valériane, à prendre le soir au coucher. Pas un placebo, mais efficace pour apaiser et aider à s'endormir. Elle m'avait expliqué qu'elle passait des heures avant de trouver le sommeil.

Je la vois seule et elle me dit qu'elle a tout à fait conscience d'être difficile. Qu'elle regrette pour sa petite sœur de lui en avoir fait autant baver. Et que tout ce que j'ai dit est vrai. L'annonce de sa particularité, la confirmation que ses émotions sont normales, que ses réactions sont logiques et que son échec scolaire est explicable, le tout semble lui convenir. On se quitte sur la décision de se revoir tous les trois mois : « Je vais t'aider à te débarrasser de tes soucis. » Il est en effet important qu'elle sache exactement pourquoi elle vient.

En marche vers l'autonomie

La fois suivante, Ambre est en CM2. On fait le point. Elle dort mieux, elle pense moins souvent à la mort. Elle a renoué avec sa mère : « Depuis qu'elle a compris mes problèmes, elle ne m'ennuie plus avec ses questions, et puis maintenant on peut discuter. » A l'école c'est un peu mieux, surtout que

Ambre s'est fait une copine : « Elle vient d'arriver, une nouvelle… et c'est moi qu'elle a choisie ! » En revanche, les hostilités n'ont pas cessé avec la maîtresse, les résultats se sont légèrement améliorés, mais sans fournir beaucoup de travail. Ambre le précise bien, elle n'en voit toujours pas l'intérêt. L'autre jour elle était la seule à savoir que la baleine est un mammifère marin : « Vous voyez le niveau ! »

Ses parents se disputent encore un peu à son sujet, et elle pense toujours à leur séparation. Et puis surtout ils insistent trop à table : « Ils me regardent manger comme si j'étais une malade ! » Bon, elle reconnaît que son père fait des efforts, elle a pu lui parler du garçon qu'elle avait en tête. Elle est toujours passionnée de rock : « Au fait, il était saoul Cantat, il ne savait pas ce qu'il faisait. »

Et puis comme tous les enfants précoces, elle me raconte ses intuitions. Ils en ont toujours plein la tête. Mais Ambre me cloue à mon fauteuil quand elle me sort : « J'ai vraiment l'impression que maman veut me garder petite ! » Incroyable ! Toute seule comme une grande, elle s'est forgé une explication à sa petite taille. Et elle en fait porter le chapeau à quelqu'un d'autre. Quel progrès ! Je m'inquiète moins pour le risque d'anorexie. Une certaine dose d'humour est en train de reprendre ses droits.

En effet Ambre commence à prendre du recul par rapport à elle-même. Elle vient de franchir un cap décisif : entrevoir qu'elle n'est pas responsable de tout. Ambre est en marche vers l'autonomie. Son souhait de se prendre en charge se confirme. Et elle l'exprime : « Je pense à me sauver parfois ! » Pas de détresse dans cette phrase, plutôt un désir d'indépendance. D'ailleurs l'internat ne lui déplairait pas pour son entrée en sixième. Elle me demande d'en parler à sa mère. Je pense que l'idée est bonne. Surtout venant d'elle.

Mais attention il y a des conditions à poser : voler de ses propres ailes d'accord, mais sans prendre de risque ! La lâcher tout en ayant un œil sur elle. Ce qui lui conviendrait c'est une petite structure où, se sentant protégée, elle pourra s'exprimer. J'y veillerai.

Ambre n'est pas prête à vivre dans l'anonymat d'un établissement classique. Elle a besoin d'être en empathie avec les autres : être entourée, écoutée, comprise. Elle est encore fragile. Convalescente. Il va lui falloir du temps pour consolider sa « nouvelle » personnalité, se débarrasser de ses démons. D'autant qu'elle doit se préparer à affronter l'étape de l'adolescence, un « chantier » qui ne sera peut-être pas si difficile pour elle. Puisque visiblement elle l'a déjà commencé...

Timothée :
« L'avenir de votre fils est inquiétant. »
Quand les problèmes s'accumulent

J'ai devant moi des parents effondrés. À huit ans, leur fils Timothée leur en a déjà fait voir de toutes les couleurs. Dernier épisode en date, il vient de se faire renvoyer de l'école. Et la directrice n'y est pas allée par quatre chemins : « C'est de votre faute, je ne peux plus rien pour votre fils. » Et elle a conclu : « D'ailleurs la psychologue dit que l'avenir de Timothée est inquiétant. »

Échec sur toute la ligne ! Non seulement les parents se sentent lâchés par l'école mais toute la responsabilité de l'échec de leur fils leur retombe dessus. En plus, ils n'étaient pas préparés à une telle claque : l'école s'était bien occupée de Timothée, puisqu'elle lui avait fait sauter une classe. Mais comble de l'horreur, ça s'était tellement mal passé, que maintenant elle le renvoyait !

Je regarde Timothée : « Alors comme ça, tu n'aimes pas l'école ? » Il a une bonne bouille, l'œil rieur : « C'est pas ça ! À la maison je fais l'école à mes peluches, mais mon école à moi ! » Comment en vouloir aux responsables de l'établissement, ils avaient fait leur boulot. Timothée s'ennuyait en classe : il ne participait pas, ronchonnait dans son coin. Un rien moqueur, il boudait le programme, le trouvait ridicule. Il n'était pas loin du boycott. Il fallait faire quelque chose.

Une psychologue se penche alors sur son dossier, évalue son QI, ce qui n'a rien d'incongru. La preuve, il se révèle nettement plus élevé que la moyenne : 140. Dans son cas, sauter une classe peut le sortir d'affaire. Enfin, peut-être. On pense stimuler l'appétit d'un enfant pour l'école en plaçant la barre plus haut. Le CE1 est sans doute trop facile pour Timothée. En cours d'année, il est propulsé en CE2. Raté. Ses résultats sont toujours aussi mauvais, il se bagarre dans la cour et se met tout le monde à dos. Les notes restent désespérantes, Timothée demeure impertinent et provocateur. L'école baisse les bras, elle explique qu'elle ne peut plus rien pour lui. Cette fois c'est la porte !

Je le vois à ce moment-là. Pendant l'été. Je le trouve drôle, vif, intéressant. Il s'exprime bien mais, malgré son excellent QI, son niveau de lecture et d'écriture révèle un retard de deux ans. Il me confirme qu'il s'embête en classe, qu'il n'a pas de copains. Qu'il est enfant unique mais que c'est bien comme ça car il ne supporterait pas d'avoir des frères et sœurs. Il aime la musique, Yannick Noah et le jazz.

Pour les parents, c'est compliqué : « En ce moment il est adorable avec nous, c'est les vacances... Mais dès qu'il faut travailler, il devient odieux, parfois même agressif. » Ingérable, et toujours à cause des devoirs ! Un enfant difficile, qui souffle le chaud et le froid, mais le problème numéro 1, c'est son blocage vis-à-vis de tout ce qui est scolaire : « L'école va jusqu'à remettre en question ses compétences, c'est tout juste s'il ne passe pas pour un attardé. » Sa mère se désole : « Il n'est pas idiot mon fils, plein de choses l'intéressent, mais toujours en dehors de l'école ! » Ils font de la voile en famille et Timothée adore ça. « Il n'arrive pas à lacer ses chaussures alors qu'il fait tous les nœuds de marine vite et très bien ! » Un détail qui m'évoque « l'effet Everest », bien connu chez les enfants précoces, à savoir le fait caractéristique d'échouer dans la facilité et de réussir ce qui est difficile. Je me dis aussi que redoubler n'est pas indiqué pour ce genre d'enfant. Mais trop tard !

Timothée va changer d'école, redoubler son CE2. C'est décidé ainsi. Soyons positifs, ce pourrait être aussi l'occasion d'un nouveau départ, sur de nouvelles bases. Après tout, si le seul problème de ce gamin c'est l'école, changer d'établissement peut provoquer un déclic. À condition de lui donner un coup de pouce. Lui permettre de rattraper son retard en lecture, ce sera le rôle d'une orthophoniste. Un suivi psychologique me paraît également indiqué, car bien équipé intellectuellement, il a tout à fait conscience de son échec et le regard des autres peut finir par atteindre son moral, c'est certain. Peut-être arrivera-t-il à exprimer avec la psychologue les raisons de son aversion pour l'école. Je compte sur les capacités de ce petit bonhomme pour qu'il s'en sorte. Il n'a pas froid aux yeux, il sait ce qu'il veut, je suis confiant. Je pense qu'avec un peu de maturité, il va s'y mettre.

Je donne quelques conseils aux parents de Timothée. Être fermes avec lui, ne pas négocier mais imposer d'emblée, discuter après. J'insiste auprès du papa pour qu'il désamorce leur relation trop fondée sur l'affrontement et la compétition. Je propose d'entrer en contact avec sa nouvelle école, mais la maman n'y tient pas, elle ne souhaite pas que son fils soit étiqueté dès le départ. Elle veut tourner la page, c'est légitime. Mais risqué. On se sépare sur la promesse d'un rendez-vous téléphonique : « Tenez-moi au courant de ses résultats en fin de premier trimestre. »

Je ne m'y attendais pas. Pas si vite. Ils m'appellent un mois après la rentrée. Passée l'embellie des vacances, le cauchemar a repris ses droits. Le mauvais film qu'ils connaissent par cœur rejoue sans relâche : « Timothée le bagarreur. » Les mauvaises notes pleuvent, ils ont déjà été convoqués à l'école, le maître a pris Timothée en grippe : « Il se moque de ce que l'on fait, il glousse en classe ! »

Seule bonne nouvelle dans cette avalanche de reproches : « On a fait tout ce que vous avez dit et à la maison, ça va beaucoup mieux. » Et puis surtout, ils m'apprennent que l'orthophoniste a un doute, Timothée montre les signes d'une dyslexie. Ce qui complique le problème...

Passage obligatoire par l'hôpital

Le cas de Timothée mérite d'être exploré plus à fond. Son opposition à l'école persiste, il ne fait aucun effort et ce n'est pas une question de compétences. Il y a autre chose. Je l'inscris pour un bilan de deux jours dans mon service. Pour mieux comprendre. Les parents sont d'accord, la maman n'en peut plus, elle est sous antidépresseurs : « Je n'ai que lui, je suis usée. » Son père renchérit : « C'est dur, on le compare aux autres, à ses cousins, on voit qu'il est différent, on est tout le temps obligés de le réprimander. »

Arrive le moment de l'hospitalisation. Globalement l'ensemble de l'équipe le trouve sympa mais agité. Notre neuropsychologue constate qu'il bouge beaucoup pendant les épreuves et que les items qui demandent de l'attention s'effondrent nettement par rapport aux autres. Elle note : « Agitation, manque de concentration. » D'autre part la dyslexie est confirmée. Examinée de plus près, elle se révèle d'ordre « phonologique » : Timothée lit bien tous les mots qui lui sont familiers mais il est en panne devant les mots nouveaux ou les noms propres. Les tests montrent également une « anxiété de performance » autrement dit la peur de se tromper. Classique chez l'enfant qui cumule précocité et dyslexie : il comprend tout et vite mais il sait aussi qu'il va chuter à un moment ou à un autre, parce qu'il connaît ses faiblesses. Il se dit alors « je ne vais pas y arriver, je suis trop nul », se décourage et laisse tomber. Il désinvestit là où il est moins bon, il surinvestit ailleurs. Chez Timothée, son point fort c'est le verbal, l'écrit et la lecture sont ses bêtes noires, il les évite. Comme des obstacles. Et ça le rend anxieux. La peur d'échouer l'empêche d'agir, il se réfugie dans le refus et l'opposition. Je demande à la psychologue d'aller plus loin dans son interprétation : « Son manque d'attention est-il lié à une vie imaginaire trop riche qui l'envahirait ? » Non pas du tout, elle le trouve bien dans la réalité. Très curieux, il pose plein de questions : « Pourquoi je ne suis pas quelqu'un d'autre, comment s'est passée la création du monde, pourquoi des nuages aussi légers peuvent-ils fabriquer de la neige et la mort qu'est-ce que c'est ? » Les questions classiques de la précocité.

À l'école de l'hôpital, il se montre nerveux. Son agitation constitue une gêne. Il se fait prier pour se mettre au travail. On s'aperçoit néanmoins qu'il est demandeur : il aime lire, mais ses difficultés le freinent dans son envie. De l'avis de tous, il est souriant, éveillé, pas déprimé. Au jeu de punching-ball, son préféré, il s'excite beaucoup. Quand il dépasse les bornes, et qu'il ne suit plus les consignes, l'éducatrice le rappelle à l'ordre, une fois deux fois, à la troisième il répond : « Puisque c'est comme ça, j'arrête ! »

Pour confirmer le diagnostic pressenti (précocité doublée d'une dyslexie), je replonge dans son passé, muni des informations fournies par les parents. J'ai même une lettre de l'école maternelle.

Retour sur le passé

À trois ans Timothée est « un garçon charmeur, affectueux qui a besoin d'une certaine autorité pour aller vers la socialisation et l'autonomie. Il est curieux de tout, il questionne, il mémorise, il est très communicatif, s'exprime très bien par le langage et fait preuve de dextérité. » Que des éloges, un petit garçon prometteur !

L'année suivante les problèmes commencent. Alors qu'aucun événement particulier n'est intervenu dans sa vie, changement de cap, à l'école maternelle on se fâche : « Il ne tient pas en place, il est dissipé, la maîtresse est obligée de se montrer sévère avec lui. » Lorsqu'il se met à pleurer, elle le traite de bébé. D'autant qu'il n'arrête pas de lui dire « je sais tout ! ». Et on comprend aujourd'hui pourquoi. En petit garçon précoce, il se pose déjà des questions sur la mort. Et comme son grand-père est âgé, il a peur de le voir mourir ! Il y pense tout le temps, surtout lorsqu'il s'ennuie en classe. Il se souviendra à quel point la maîtresse lui paraissait injuste, ce qui achevait de le démotiver...

À la maison, la tension monte d'un cran : « Il nous fait marcher, le soir on est obligé de rester près de lui jusqu'à ce qu'il s'endorme, il nous bouffe, on n'en peut plus », raconte le papa. Sa maman pense alors qu'il est opportun d'arrêter son travail pour s'occuper de lui : « Il a du mal à contenir ses émotions, il devient parfois agressif. » Elle s'inquiète. D'autant que l'entourage lui renvoie une image peu glorieuse de son fils : « On n'ose plus aller au restaurant, même au Mac Do il est infernal, en famille il nous fait honte. » Le pédiatre qui le voit à ce moment-là ne parvient pas à l'examiner. Timothée est odieux avec lui, l'insulte... Et pourtant ce médecin a l'habitude des enfants difficiles, je le connais bien.

Un an après, en grande section de maternelle, les choses semblent s'arranger. Timothée a une maîtresse « sur mesure » qui le prend par les sentiments : « C'est normal que ça marche, dit sa mère, Timothée fonctionne à l'affectif. » À la maison, le climat s'apaise, la maman retravaille.

Mon enquête remonte toujours le plus loin possible, parfois les conditions de la grossesse ou de l'accouchement rapportent des indices : « Une grossesse géniale ! » Timothée est attendu comme le messie, ses parents l'ont eu sur le tard. À la naissance, quand l'accoucheur déplie ce gros bébé de quatre kilos six cent cinquante, qui gigote dans tous les sens, il a cette phrase prémonitoire : « Beau bébé... bon courage ! »

À ce propos le pédiatre américain Toss Berry Brazelton raconte dans l'un de ses nombreux ouvrages sur les nourrissons[1] ainsi que dans la célèbre émis-

1. Notamment *Points forts*, Stock.

sion « Le bébé est une personne », que dès son arrivée au monde, l'enfant montre les signes de sa vie future. Aucun bébé ne se ressemble, observent également la plupart des sages-femmes. Leur expérience leur permet parfois d'anticiper et de lâcher un : « Avec celui-là, vous allez en baver ! »

Timothée a parlé avant de marcher. À deux ans il fait déjà des phrases. Un enfant difficile, mais bourré de charme et de qualités.

Debriefing avec mon équipe

À l'issue du bilan hospitalier, nous débattons du cas de Timothée en nous appuyant sur l'ensemble des informations accumulées sur lui. Il présente bien une précocité doublée d'une dyslexie. Mais un élément s'est rajouté en cours de route : Timothée souffre en plus d'un déficit d'attention. Un profil complexe. Ces trois éléments se combinent pour brouiller les pistes et faire de lui un gamin incompris : sa dyslexie masque sa précocité, le manque d'attention aggrave les difficultés scolaires et il passe pour un mauvais élève. Ces handicaps le pénalisent certainement depuis longtemps.

Je communique un bilan complet aux parents en prenant soin de les rassurer sur les compétences intellectuelles de Timothée. Je raconte aussi qu'ici il s'est à peu près bien tenu et qu'il ne rechignait pas trop pour aller suivre la classe de notre enseignant : « Ça fait du bien d'entendre des choses positives ! » Sa mère visiblement en a besoin. Puis j'insiste sur la nécessité de lui offrir un cadre strict, pour lui éviter de s'éparpiller. J'ajoute que la poursuite de l'orthophonie lui est indispensable.

Je propose de prendre contact avec son enseignant. Ils sont remontés l'un contre l'autre et ce malentendu provoque des dérives malheureuses. Récemment il lui a remis une copie en annonçant : « Et pour Timothée, zéro... faute ! » en insistant lourdement sur le zéro, toute la classe s'est esclaffée. Timothée a été humilié. Sur la copie se lisait en rouge un énorme « zéro » suivi d'un minuscule « faute ». À éviter. L'humour vache est réservé aux enfants entre eux.

Je sais qu'il faut l'encourager et le stimuler pour apprendre. Je me charge d'en parler moi-même à l'enseignant car dans ce cas, il va falloir mettre en place un « projet d'intégration », c'est-à-dire que l'école s'engage à mes côtés et qu'ensemble on signe un contrat officiel en bonne et due forme pour épauler cet enfant.

Tous unis pour aider Timothée

Dès la rentrée de janvier, avec l'accord du directeur de l'établissement, une réunion est organisée au sein même de l'école. Nous nous retrouvons dans la classe de Timothée. Son enseignant nous montre son petit bureau. « Je l'ai mis le plus près possible de moi, je l'ai à l'œil ! »

Chacun se présente : les parents, l'orthophoniste, la psychologue, le médecin scolaire. Je rappelle pourquoi nous sommes là, mettre en place un suivi cohérent afin de concilier les problèmes de Timothée et son intégration scolaire. Premier tour de table.

« Je le sens tendu, énervé. Il fait des cauchemars, même pendant le week-end je le trouve nerveux. Il m'a dit qu'il en a marre d'être isolé à l'école... il n'est pas bien du tout », dit la maman.

« Timothée a vraiment des relations conflictuelles avec les autres. C'est la foudre qui leur tombe dessus alors ils le mettent à l'écart. Il cherche, il provoque. Personne ne veut s'asseoir à côté de lui, il doit se sentir exclu et ça doit être douloureux pour lui. »

L'orthophoniste qui le voit seul est plus optimiste : « Pourtant il aime bien venir à l'école, moi je trouve que c'est un petit garçon très joyeux et que sa dyslexie s'améliore. »

Mais d'après le papa, il y a urgence : « C'est la récré qu'il aime avant tout... car il a de moins en moins envie d'aller en classe et pourtant il a très peur de se faire renvoyer. L'autre jour en voyant un SDF dans la rue, il a dit qu'il allait finir comme lui... »

Et où en est-il de ses résultats ? « C'est pas génial, mais pas catastrophique non plus, ça pourrait être pire, compte tenu de son comportement. Le problème c'est qu'il parasite la classe et je m'inquiète pour son orientation. »

Je mentionne son QI de 140. Avec ses points forts et ses points faibles. Je sors son dossier et montre, avec l'autorisation des parents, les résultats de certains de ses tests : les courbes font le yo-yo, il est très faible en graphisme et mémoire des chiffres, il est très bon en revanche sur tout ce qui est « verbal ». Je rappelle qu'il souffre d'un déficit d'attention et d'une certaine impulsivité. Donc une incapacité à anticiper les conséquences de ses actes, malgré sa volonté de bien faire. Ce qui rend les punitions inutiles. Idem pour les récompenses. Vivre en groupe est beaucoup trop compliqué pour lui : il oscille entre une maturité d'un enfant de cinq ans et celle d'un garçon de sixième. Il est déboussolé. Tantôt meneur, tantôt bébé. Pas facile !

Son père essaie de sauver l'année de son fils : « Il calcule très bien et vite, mais quand il s'agit des tables de multiplication, impossible pour lui de les retenir, c'est dommage, ça l'empêche d'avancer. »

J'interroge l'enseignant sur les domaines les plus sensibles. « Tout d'abord dans ses relations aux autres. Puis dans le graphisme. Il ne forme pas ses mots. Il écrit des phrases phonétiquement et tout en attaché. J'ai pris l'habitude de lui laisser plus de temps qu'aux autres et de raccourcir certains exercices pour lui. »

Le médecin scolaire s'inquiète : « Moi ce qui m'ennuie pour lui, c'est l'extérieur. Quand il est dans la rue, il ne regarde jamais avant de traverser, il n'a aucune conscience du danger. Est-ce qu'il ne pourrait pas faire du judo pour l'aider à se concentrer ? » La mère : « Ah non ! Ça, j'en veux plus ! J'en ai marre du mauvais contact avec les autres, j'en ai marre des réflexions... non, du sport il en fait avec nous et ça se passe très bien ! Avec nous il est normal, au restaurant il ne s'agite pas dans tous les sens... ! » L'enseignant : « Bon alors, j'en fais quoi moi de Timothée ? »

Je plaide pour ce petit garçon. J'explique longuement qu'il ne le fait pas exprès et qu'au contraire il en souffre. Je propose quelques conseils simples. Lui dire que c'est son comportement qui est pénible, mais pas lui. Continuer à lui consacrer un peu plus de temps, favoriser le travail en petits groupes et surtout ne pas le mettre à part. L'encourager, l'interroger sur des matières où il est performant, comme la poésie puisqu'il y excelle.

Nous nous quittons avec le projet de nous revoir dans deux mois. Savoir que nous nous préoccupons ainsi de lui peut renforcer Timothée dans son estime de lui-même. L'aider à avoir davantage confiance en lui et améliorer ses relations aux autres. Pas à pas, nous devrions arriver à lui montrer le chemin d'une vie plus sereine. Surtout ne pas le lâcher !

Je n'en ai pas fini avec les parents. Avant de partir je leur propose de reprendre Timothée trois jours dans mon service. J'ai ma petite idée derrière la tête.

Déjà grand dans sa tête

Je pense que Timothée a réellement besoin du coup de pouce d'un médicament. Qu'il faut absolument essayer de calmer son impulsivité afin de le réconcilier avec ses copains et lui permettre de mieux suivre en classe. Il est en train de gâcher son image et pas loin de se faire rejeter complètement alors qu'il est bourré de qualités. Il aimerait se contrôler mais il n'y arrive pas.

Je souhaite proposer un psycho-stimulant à Timothée pour voir s'il pourrait améliorer sa vigilance. Le cadre de l'hôpital rassure la maman. Elle accepte.

Le premier jour, les infirmières me signalent un coup de blues. Il est replié en boule et personne ne peut l'approcher. Je viens m'asseoir près de lui : « Alors ? ça ne va pas, mon pote à la compote ? » Un œil noir de colère me foudroie : « C'est pas normal qu'un médecin parle comme ça à ses patients ! » Erreur de ma part ! J'avais oublié à qui j'avais affaire : pas plus haut que trois pommes, mais déjà grand dans sa tête. Surtout pas de familiarité ! Mais plutôt une partie d'échecs, tout à l'heure après mes consultations. Tout juste. Cette proposition le remet en piste pour l'après-midi : « T'as intérêt à être en forme, mon père je le gagne tout le temps ! » Du coup il accepte de passer la nuit dans le service.

Le lendemain matin, Timothée prend un demi-comprimé comme prévu. Par rapport au jour précédent, l'infirmière chargée de son suivi le trouve plus présent et plus disponible dans ses activités. Moins dispersé et moins speed au baby-foot. Le soir quand ses parents viennent le chercher, je les mets au pied du mur. Timothée supporte parfaitement le médicament, il doit continuer à le prendre à la dose la plus faible : dix-huit milligrammes le matin. Seulement les jours d'école. On fait l'essai quelques temps et on se tient au courant. Cette fois-ci je sens la maman décidée à me suivre : « J'ai bien compris maintenant ce que vous vouliez dire… » Timothée me serre la main, tout fier d'annoncer à ses parents qu'il m'a battu aux échecs. De mon côté j'insiste sur le fait que le traitement seul ne saurait avoir l'effet d'une baguette magique. Qu'il faut continuer les réunions à l'école, bien cadrer Timothée à la maison et l'épauler avec des séances d'orthophonie. Et pour qu'il comprenne bien lui aussi, je lui parle de voiture : « C'est un peu comme si tu étais une Ferrari, bien trop puissante pour pouvoir être utilisée en ville… » Il éclate de rire, me fait un clin d'œil, on s'est compris.

Un mois plus tard, c'est flagrant. Timothée a de meilleures notes à l'école et l'enseignant commence à le prendre au sérieux. Les remarques en marge des cahiers se font plus rares. Côté comportement, finis les excès. Largement de quoi balayer les dernières réticences maternelles à propos d'un traitement efficace et que l'on arrêtera d'ici à la fin de l'année. Le temps que le regard de tous sur Timothée évolue et lui permette de se défaire d'une image qui ne lui correspondait pas. De quitter sa panoplie d'enfant difficile. Pour être enfin lui-même.

La précocité : l'univers fragile des enfants sentinelles

Les enfants précoces ne sont pas tout à fait des enfants comme les autres mais comme les autres ce sont des enfants.

« Ils parlent comme un livre, plus tard ils veulent être paléontologue ou médiateur de la République. » Attention de ne pas se laisser fasciner par ces enfants surprenants. Plus que les autres encore ils ont besoin de fermeté pour calmer de profondes angoisses. Au risque de souffrir de leur hypersensibilité et de leur décalage.

La « précoce attitude »

Il y a vingt ans, on amenait un enfant précoce[1] chez le médecin pour cautionner qu'il saute une ou deux classes. A priori, il allait bien. Mais peut-être passait-on à côté. Car depuis les choses ont changé.

1. Enfant qui présente des compétences intellectuelles en avance par rapport à sa classe d'âge, avec un QI supérieur à 130.

Parmi ceux que l'on rencontre aujourd'hui, beaucoup vont bien, mais certains sont mal dans leur peau. Déprimés, irritables, mis à l'écart des copains et, paradoxe, ils échouent à l'école. Dans de nombreux cas, la précocité pénalise plus qu'elle ne valorise. Elle peut alors devenir un cadeau empoisonné car elle touche l'intellect mais aussi l'individu dans sa globalité. En effet, l'efficience intellectuelle réunit un faisceau d'éléments complexes, une sorte d'équation qui biaise le rapport aux autres, à la famille, à l'école, au boulot. Elle se traduit par une grande sensibilité et une aptitude particulière à traiter l'information. C'est « la précoce attitude ».

Et d'ailleurs aujourd'hui le terme d'« enfant précoce » ne correspond pas vraiment à la réalité. Car il sous-entend qu'un jour cette avance sera rattrapée par les autres. Comme les écarts de taille ou de poids finissent un jour par s'harmoniser. Or ce n'est pas vrai. L'enfant précoce le reste toute sa vie. Et les Anglo-Saxons ont raison de parler d'« enfant doué ». Les Canadiens eux utilisent l'expression de « sur-don », qui traduit une qualité qui vous tombe du ciel. Et c'est très habile car il est vrai que nos jeunes patients précoces révèlent qu'ils portent ce poids sur leurs épaules : « Si cet avantage sur les autres m'a été donné sans que j'aie rien fait pour l'obtenir, j'ai obligation morale de réussir. » Lourde responsabilité.

Un à deux en classe

Un enfant sur vingt est concerné en France. Ils seraient environ cinq cent mille au total, un à deux par classe. On compte deux garçons pour une fille. Cette apparente entorse à la parité ne signifie pas que les garçons soient plus doués. On sait en effet qu'en général les petites filles se conforment plus facilement que les garçons aux exigences de la vie scolaire et sociale. Ce qui explique la sur-représentation féminine actuelle lors de nombreux concours[1]. Mais cette tendance peut parfois avoir des conséquences inattendues. Voire se transformer en handicap. En effet, cachées derrière une sérénité et une adaptation trompeuses, leurs spécificités restent trop longtemps méconnues et l'identification d'une éventuelle précocité en est d'autant retardée. Si bien qu'elle peut rejaillir bruyamment à l'adolescence, avec des troubles du comportement alimentaire, ou une dépression, par exemple.

Les statistiques sont édifiantes : la moitié des enfants précoces présente des difficultés scolaires et un tiers d'entre eux n'atteindra pas le lycée. Car confrontés à l'école, leurs « atouts » se transforment en faiblesses. Une sorte d'inadéquation entre le système scolaire et leur profil particulier. Et il arrive même que leurs compétences se retournent contre eux à leur insu. Ils jouent alors contre leur camp ! En particulier lorsque leur mémoire exceptionnelle leur

1. Particulièrement en faculté de médecine.

fait rejeter tout ce qui est routinier. Lorsque leur capacité à inventer de nouvelles procédures les incite à résister aux consignes. Lorsque leur indépendance d'esprit les pousse à s'opposer au conformisme et aux pressions. Lorsque la variété de leurs centres d'intérêts les entraîne à survoler sans approfondir. Lorsque leur volonté d'atteindre leur but les fait passer pour des entêtés, des obstinés. Enfin, lorsque leur facilité et leur aisance verbales les détournent de l'écrit, qui, trop peu gratifiant, ne les comble pas.

Plutôt savoir qu'apprendre

Décalée par rapport aux demandes de l'école, leur attitude se distingue de celle de l'enfant « scolaire » par des signes constants qui ne trompent pas et dont l'essentiel se résume par une opposition point par point :

Si l'enfant « scolaire » répond aisément aux exigences des enseignants grâce à des compétences adaptées, l'enfant précoce quant à lui emprunte des chemins qui lui sont propres. Il préfère savoir et comprendre qu'apprendre. Il aime mieux deviner que simplement mémoriser. Il a tendance à complexifier là où ses camarades recherchent la clarté. Il préfère poser des questions plutôt que donner des réponses. Il est plus curieux qu'intéressé, préfère créer que recopier. Si l'enfant standard aime l'école, lui la subit quotidiennement.

Son inadaptation lui joue des tours, il passe pour un « mauvais ». Brouillon, incapable d'acquérir une méthode de travail, il déteste les consignes et les règles. Trop répétitives, trop bêtes pour lui. Il faut voir ses rédactions ! Elles fourmillent d'idées mais livrées en vrac. Le plus souvent elles lui valent un zéro avec un « hors sujet ».

Une mention soulignée trois fois en rouge par le professeur de français d'Adrian pour être passé à côté du sujet : « Racontez ce que vous voulez faire plus tard ? » Là où ses petits camarades de quatrième décrivent le métier de leur rêve, parfois suggéré par leurs parents, Adrian laisse libre cours à son imagination : « En haut des Champs-Élysées je suis policier et j'interdis la circulation aux voitures... Un peu plus bas je suis coiffeur et je coupe les cheveux gratuitement à ceux qui le souhaitent... Plus loin je suis banquier et je ne prête qu'aux pauvres... » Lassée par ce propos qui n'a ni queue ni tête, l'enseignante s'arrête là. Dommage ! La suite lui aurait donné le sens de ce délire : « ... en bas des Champs-Élysées, je suis... dring ! Mon réveil sonne, il est temps que je me prépare pour l'école. » Adrian n'a jamais digéré le cinq sur vingt qui a mis un point final à sa motivation pour le français.

De plus l'enfant précoce écrit mal, son graphisme n'arrive pas à suivre sa pensée. Ses réponses fusent car il raisonne par analogie, en faisant référence à une situation qu'il connaît déjà. Puis arrive le collège où l'on privilégie la pensée « convergente » : à une question correspond une réponse et chaque règle a sa définition propre. Une méthode qui emprisonne l'esprit vagabond de l'enfant précoce et les vraies difficultés l'attendent à ce tournant du cursus scolaire. C'est le moment où il va devoir rendre des comptes : « Comment as-tu fait pour trouver la réponse ? » et c'est bien ce qu'il est incapable d'expliquer. D'ailleurs ça l'ennuie de chercher... Une étude[1] réalisée dans notre service sur deux cent cinquante enfants montre qu'ils sont très forts dans la conceptualisation mais faibles quand il s'agit de faire appel à des règles ou à des notions apprises. Ils mélangent « comprendre et apprendre » et donnent souvent de bonnes réponses en classe sans être en mesure d'expliquer leur démarche. Car « ces têtes drôlement faites » n'ont acquis aucun sens de l'effort. L'idée même de travail leur est incongrue. Quant à l'échec, n'en parlons pas... Il induit chez eux une dimension de gâchis, d'incompréhension et de souffrance.

Trop dur, trop facile

Effets néfastes sur l'école mais aussi troubles du comportement, c'est le palmarès inattendu de la précocité. Les déviances comportementales qu'elle engendre sont diverses. Elles vont des problèmes de sommeil (cauchemars, difficultés à s'endormir) à l'instabilité (il s'agite en classe car il ne suit pas), en passant par l'opposition (parents, enseignants) et l'anxiété, voire la dépression. Non diagnostiqué, l'enfant précoce se fait piéger dans un cycle infernal

1. « Profil psychométrique de 245 enfants intellectuellement précoces », Annick Bessou et col : ANAE, numéro 81, mars 2005.

qui s'aggrave avec le temps : il est en échec scolaire et n'aime pas ça, par conséquent son comportement s'en ressent. Or plus il est opposant, plus il bouge, plus il est anxieux, plus l'échec scolaire s'accroît. Arrive alors l'heure de la démotivation qui va elle-même augmenter les difficultés scolaires, etc.

Son avance intellectuelle peut même masquer d'autres difficultés et en retarder le diagnostic, en particulier lorsque la précocité s'accompagne d'une dyslexie ou d'un déficit d'attention. Et les choses se compliquent encore. Car l'échec scolaire peut alors être mis sur le compte de ces dysfonctionnements neurologiques. Ses compétences sont par conséquent largement sous-évaluées. L'enfant en souffre encore davantage, tandis que les cours oscillent entre « trop dur » ou « trop facile ». Dans ces cas-là, prendre le chemin de l'école devient un cauchemar pour lui.

À repérer le plus tôt possible

Cette particularité intellectuelle se repère très tôt. Dans les yeux du nouveau-né qui fixent le regard et suivent chacun des gestes de l'adulte. Dans les attitudes du nourrisson qui pousse sur ses jambes, répond aux sourires, cherche à entrer en contact et souvent parle avant de marcher. Puis qui apprend à lire tout seul, argumente en permanence et se délecte dans la pratique de l'humour :

— Tu ne crois pas que tu pousses le bouchon un peu loin ?

— Si, mais j'ai tellement envie que tu me laisses sortir de la bouteille !

Un profil qui va l'accompagner toute sa vie. Avec aussi beaucoup d'empathie vis-à-vis du monde qui l'entoure, ce qui le rend attachant mais vulnérable. À cause de cette intuition naturelle, véritable sixième sens qui l'informe sans cesse des émotions des autres. Curieux de tout, il questionne les parents jusqu'à les faire caler. Alors au début c'est rigolo. Puis, peu à peu, le malaise s'installe. Parler comme un adulte et trouver les jeux de ballon futiles, cela n'aide pas à se faire des copains. L'enfant « décalé » s'enferme dans son monde. À quatre ans, pour lui, la mort n'est déjà plus comme dans les dessins animés, elle est définitive. Très tôt il a en tête des questions que personne ne se pose à son âge. Il veut toujours tout savoir.

« Qu'est-ce qu'on a fait, qu'est-ce qu'on n'a pas fait, qu'est-ce qu'on aurait dû faire… » Ce sont les premiers symptômes : la complainte des parents perdus. Désemparés devant un gamin de trois ou quatre ans qui a toujours de bons arguments pour ne pas aller se coucher : « On nous l'a livré sans le mode d'emploi. » Identifier son problème va d'abord servir à les soulager du poids d'une faute éducative.

La mise à l'écart

Car la priorité est de comprendre. Pourquoi le bambin s'ennuie dès la maternelle, pourquoi en CP son écriture est épouvantable, pourquoi il calcule de tête sans jamais poser l'opération... À force d'échapper au modèle courant, l'enfant « atypique » va progressivement être marginalisé : « Toi je ne t'interroge pas, tu le sais déjà. » Ou se détacher du groupe : « Je ne lève plus la main, j'en ai marre de me faire traiter d'intello » ou bien encore « mon meilleur copain fait semblant de ne pas me connaître devant les autres ». Au bout du compte, il peut être conduit à renoncer à ses aptitudes. Régresser par désir d'être comme les autres. Cela s'appelle « l'effet Pygmalion négatif[1] », faire ce que l'on attend de lui par lassitude d'être toujours mis à part : « A l'école il lit comme un bébé, pour avoir 10 sur 10 comme les autres, alors qu'à la maison il lit couramment. »

Mise à l'écart ou deuil de ses compétences, dans les deux cas, l'enfant précoce vit son décalage comme une souffrance. Certains ne veulent même plus entendre parler de l'école. Il faut savoir qu'un enfant « doué », non diagnostiqué, qui arrive en CP échappe à un discours qui ne s'adresse pas à lui. Cela reviendrait à mettre un enfant « standard » dans une classe spécialisée pour enfants en difficulté.

Beaucoup finissent par s'isoler et courent le risque de déprime. Renforcé par le fait que l'intelligence est anxiogène. Elle produit chez eux un effet « loupe » qui amplifie toutes les sensations. Un

1. Jean-Charles Terrassier, *Les Enfants surdoués ou la précocité embarrassante*, ESF, 1999.

enfant précoce a horreur de l'injustice et l'actualité le bouleverse. Tout petit, il exprime déjà dans ses souhaits : « Qu'il n'y ait plus de guerre, que tout le monde soit heureux. » Il sent quand cela ne va pas à la maison. Que papa et maman divorcent, lui le savait depuis longtemps.

L'anticipation

Car les enfants précoces anticipent les problèmes à venir et tentent maladroitement de prévenir leurs proches de dangers qu'ils sont les seuls à percevoir. À force ils s'épuisent et passent pour des « enfants à problèmes ».

Émile à neuf ans n'arrêtait pas de harceler son entourage à propos du risque nucléaire alors qu'il habitait les environs de la centrale de Pierrelatte. Il répétait sans arrêt à l'école, à la maison qu'il fallait équiper tout le voisinage de pastilles d'iode pour se protéger d'une fuite nucléaire éventuelle. Il en avait même parlé à la pharmacienne. L'entourage finissait par le trouver presque « demeuré ». Jusqu'au jour où la nouvelle est tombée. Pour marquer l'anniversaire des dix ans de l'accident de Tchernobyl, les pouvoirs publics décident en France de rendre obligatoire un stock de comprimés iodés dans les foyers environnant toutes les centrales ! L'annonce avait été brutale et avait même déclenché des réflexes de panique. Émile faisait partie des rares à ne pas avoir été surpris.

Comme Émile, ils sont en avant-poste de la société. Ce sont nos sentinelles en culotte courte. Des sentinelles fragiles et surexposées, qui guettent un danger qui paraît improbable aux autres. Un peu comme des soldats de l'absurde dans le désert des Tartares. Et cette hypersensibilité les rend vulnérables. En septembre 2001, plus que d'autres encore, les « précoces » ont souffert de la violence des images de l'effondrement des tours de Manhattan. Ils vont réellement mal dans ces moments de tension géopolitique qu'ils vivent à travers les adultes. Même malaise amplifié chez eux au moment du tsunami en Asie du Sud-Est, avec des répercussions angoissantes dans leur quotidien, comme la peur que le phénomène se produise à leur porte. Max, le petit Ardéchois, est terrorisé à l'idée de se promener sur les berges du Rhône, de crainte que le fleuve ne déborde.

Adolescents, leur capacité à ressentir les affects des autres est encore plus grande. Privés du soutien du groupe et plus petits que les autres parce qu'ils sont en avance, ils sont souvent « victimisés », rejetés voire frappés. C'est surtout vrai en cinquième, où certains se font tabasser par les caïds de la classe qui supportent mal que ces « jeunots » encore dans l'enfance aient de meilleures notes qu'eux.

Une grande anxiété

La précocité s'accompagne toujours d'une grande anxiété qu'il faut chercher à apaiser. Souvent les parents demandent : « Docteur, pourquoi il est seul, pourquoi il n'a pas de copains, pourquoi il préfère rester sur son ordinateur et jouer en réseau. » Il est fondamental de répondre à ces questions car l'enfant qui se replie sur lui-même risque de rater une étape essentielle, celle de son passage dans l'âge adulte. Pour acquérir son autonomie il a besoin de s'appuyer sur un groupe extérieur, plus tolérant que sa famille et dans lequel il se reconnaît. Un passage obligé pour sa construction personnelle qu'il va zapper s'il se met à l'écart.

Or justement, aujourd'hui, le malaise s'accroît. Les « précoces » ont de plus en plus de mal à s'identifier aux autres. Car, appartenir à un clan, devenu synonyme d'intolérance, leur est insupportable. En effet, d'après Dominique Pasquier[1], entre lycéens « la normativité est forte » et « être dans le coup, c'est être sous la coupe ». Après avoir enquêté dans plusieurs lycées, la sociologue observe que dans chaque établissement se dégage une majorité qui dicte sa loi. Une sorte de terrorisme qui impose les goûts (vêtements, musiques) et les comportements auxquels chacun doit se conformer. Au risque d'être exclus. Et cette dictature, devenue inquiétante d'ailleurs, ne fait qu'accélérer l'éloignement des surdoués qui, par définition, cultivent la différence.

L'enfant précoce s'oppose et n'aime pas les contraintes. Chez lui c'est une seconde nature. Et

1. Dominique Pasquier, *Cultures lycéennes, la tyrannie de la majorité*, Autrement.

comme il a les moyens d'argumenter, il agace les enseignants et épuise les parents. Ce qu'il veut, c'est tout maîtriser. Et son angoisse vient de là. Amplifiés à l'adolescence, mal-être et attitude de rejet peuvent le conduire à des attitudes extrêmes comme la phobie scolaire, ou les tentatives de suicide. Qui illustrent douloureusement son désarroi quand les débordements émotionnels de cette période de vie prennent l'allure de raz-de-marée.

Il faut savoir que l'adolescence du surdoué commence plus tôt. Cette période « normalement difficile » est dans son cas doublement risquée. Il porte le poids d'une enfance compliquée, son opposition au groupe et aux parents est exacerbée. Quant au forfait « fatigue-ennui-et-mauvaise-humeur » livré avec chaque ado, l'enfant précoce en paie le prix fort. Du haut-débit à durée illimitée ! Jusqu'au jour où s'ouvrent les portes du lycée pour commencer à le libérer de ses tourments. Enfin, on lui demande son avis ! Enfin il peut s'exprimer sans être montré du doigt. Cette transition vers un enseignement plus responsable lui donne l'occasion qu'il attendait de ne plus se sentir exclu.

Mais avant d'en arriver là, il faut l'aider à franchir le cap de la fin de l'enfance. Son enseignant peut être d'un grand secours s'il veut bien de temps à autre lui montrer des signes de complicité. Pratiquer l'humour lui aussi et se mettre ainsi son élève dans la poche, comme dans cette anecdote.

Au lieu de faire l'exercice demandé, l'élève écrit sur sa copie : « J'ai les calculs dans ma tête, je les ai au bout de la langue mais ça ne veut pas sortir. Alors pouvez-vous SVP me donner les 4 points de l'exercice plus encore quelques points (10 me suffiraient) je vous remercie d'avance si vous faites ce geste. » Et voici la réponse de la maîtresse : « J'ai vos 4 points au bout de mon stylo mais l'encre ne veut plus sortir… »

Et quand l'opposition devient trop forte à la maison et que tout le monde craque, un médiateur est le bienvenu. Un parrain, un grand-père peuvent à tout instant offrir un autre modèle adulte auquel s'identifier, tout en prenant le champ nécessaire vis-à-vis des parents. L'oncle par exemple, « le père sans le pire », disait Lacan, auquel il peut se confier et « qui comprend tout… lui ! ».

Le soutien d'un médecin, d'une infirmière ou d'un psychologue scolaire est parfois nécessaire. Ne pas hésiter à lui proposer, il a tendance à accepter volontiers ce coup de main de l'extérieur. À condition de respecter quelques « règles » particulièrement indispensables pour faciliter la relation avec l'adolescent précoce. Éviter quelques pièges pour ne pas courir le risque qu'il refuse la main tendue. Et pour cela, il faut d'abord l'assurer que tout ce qu'il dit reste secret, respecter les engagements, proposer des contrats et surtout pratiquer l'humour. Enfin, ne pas être complice de ses parents, mais ne pas les critiquer non plus !

Des parents qui de leur côté ne doivent pas perdre de vue qu'il a des qualités bien cachées. Parmi elles, beaucoup de pudeur et une sensibilité exacerbée par la précocité. Si bien qu'il n'est pas dupe. Il est même tout à fait conscient de leur en faire baver. Mais il ne dira jamais ce qu'il pense tout bas. En tout cas, pas à eux…

Comprendre ses enfants, ce n'est pas si simple. Pour ma part, je me souviens que lors d'un certain voyage…

De la psy à la neuropsy : en traversant l'océan...

Montréal, 20 mai 1995 :

« Et vous restez au Québec pour les vacances ? »

Le chauffeur de bus qui nous amène de l'aéroport au centre de Montréal ne se doute pas qu'il a affaire à un étudiant ! C'est vrai qu'accompagné de ma femme et mes deux garçons de quatre et cinq ans, j'ai plutôt l'air d'un touriste...

Et pourtant... J'ai signé pour six mois de stage[1] à l'université de Montréal. Pour me perfectionner dans le domaine de la neuropsychologie, c'est-à-dire mieux comprendre le fonctionnement du cerveau. Et surtout savoir comment certains dysfonctionnements peuvent gêner les apprentissages.

Un break dans ma vie de médecin surmené par les consultations. Un défi aussi : à trente-

1. DEA : Diplôme d'enseignement approfondi.

cinq ans, retour à la case « études », l'insouciance en moins, la maturité en plus.

Le car traverse des quartiers de briques, surchauffés et déserts comme il se doit un dimanche après-midi. Seuls magasins ouverts, des « dépanneurs », sortes d'épiceries disponibles 24 heures par jour et où l'on trouve de tout, sauf de l'alcool.

Julien et Tom sont un peu groggy par le voyage et cette ambiance nouvelle qu'ils découvrent avec nous : chaleur sèche, population cosmopolite, voitures géantes, alternance de maisons rouges et de buildings de béton, vieille église gothique collée à un immeuble de verre, et le ciel... immense.

Terminus des cars, centre de Montréal ; nous terminons à pied. Pas de budget pour un taxi, les comptes sont serrés. 30° à l'ombre des gratte-ciel. Je transpire en poussant nos deux énormes sacs à roulette. Je souris intérieurement ; ils sont remplis d'anoraks et de pulls que nous n'utiliserons jamais ! Les Français et les idées reçues...

Maisonneuve Street. La résidence hôtelière est clean et fonctionnelle, dans le quartier anglophone. Au pied du Mont Royal, le Manoir Lemoyne sera donc notre lieu de vie. Les enfants se ruent dans le jacuzzi. Pas vraiment le temps de me poser, on m'attend à la faculté le lendemain.

Jamais entendu parler de dyslexie

J'ai rencontré Maryse Lassonde dans un congrès à Biarritz ; professeure à l'université de Montréal, cette jolie femme blonde est une sommité mondiale en matière de neuropsychologie. Elle m'accueille avec une simplicité et une gentillesse déroutantes. Ma mission va consister à évaluer la qualité de vie d'enfants épileptiques, en m'intéressant à leurs compétences intellectuelles, leurs sentiments face à la maladie et en recherchant d'éventuels signes d'anxiété ou de dépression.

Mais au-delà de cette étude, Maryse Lassonde va me permettre de rencontrer les plus grands spécialistes des troubles d'apprentissage. Je ne soupçonnais pas à l'époque l'impact que cette expérience allait avoir sur ma vie professionnelle.

Psychiatre d'enfants depuis plus de dix ans, je découvre brutalement que tout un pan du développement de l'enfant a été oublié par nos études françaises. Jamais entendu parler de dyslexie, de dysphasie ou de déficit d'attention ni pendant mes sept années de médecine, ni, plus grave, pendant ma spécialisation en psychiatrie générale puis en psychiatrie de l'enfant !

Chaque nouveau matin québécois m'apporte son lot de nouveautés. Je me régale... Au fil de mes rencontres, je me remémore mes jeunes patients français, et une nouvelle lecture de leurs difficultés s'impose. Ce voyage initiatique dépasse toutes mes attentes. J'aimerais que cela ne s'arrête jamais.

J'ouvre grand mes yeux et mes oreilles

Francine Lussier et Janine Flessas, neuropsychologues cliniciennes et auteures de nombreux ouvrages, me permettent d'assister à des évaluations neuropsychologiques. Je découvre les passations de tests de QI dans leur intégralité, et surtout leurs interprétations. Petit à petit, je progresse dans la compréhension du développement psycho-intellectuel de l'enfant. Le puzzle se met en place... Génial !

Mais il n'est pas toujours facile de redevenir étudiant ! Partir le matin en métro, lunch dans le sac à dos. Économiser chaque dollar pour ne pas dépasser la maigre bourse d'étude. S'accrocher pour suivre le discours des professeurs anglophones, n'être qu'observateur, sans pouvoir soigner. Et ne pas oublier que, malgré l'extrême gentillesse de tous, on reste un étranger, invité là pour apprendre.

L'enjeu est énorme, le résultat n'a pas de prix. Mes nouveaux amis me familiarisent avec les outils d'évaluation canadiens, c'est-à-dire nord-américains, traduits et validés en français. Je comprends que la base de toute prise en charge des enfants instables passe par une évaluation objective de leur comportement, dans toutes les situations. Les échelles de Conners et d'Achenbach[1] s'imposent alors comme des évidences, simples et efficaces, pourtant pas utilisées en France à cette époque. Je diffuserai ces échelles à mon retour. Dix ans plus tard, plus personne n'imagine de s'en passer.

Tranquillement, je me laisse gagner par le mode de vie québécois. Beaucoup de bonnes choses, tant de simplicité. L'été est très chaud. Les profs viennent à la fac en short, casquette de base-ball sur la tête (à Lyon, la dernière fois que j'ai pénétré dans un collège pour une conférence destinée aux enseignants, le proviseur m'a demandé d'ôter la mienne, les couvre-chefs sont interdits dans beaucoup d'écoles françaises...).

Les enfants d'abord !

La charte affichée dans le métro est exemplaire : un numéro vert invite à signaler toute discrimination, qu'il s'agisse de la couleur de peau, de la religion, du choix sexuel ou encore de l'âge ! Pas étonnant que les enfants « dys » soient reconnus et intégrés ! Toutes les différences... Et un respect particulier pour l'enfant. Je me souviens de cette mamie anglophone qui m'interpelle sur la terrasse d'un magasin de glace :

1. Voir le chapitre sur les évaluations page 245.

« What he's done to you[1] ? »

Je ne comprends pas de quoi elle me parle, ayant déjà oublié l'altercation...

« What he's done to you ? »

Le ton devient menaçant.

Je me retourne et me souviens, en voyant Julien la joue noircie de glace au chocolat, et juste au milieu, la trace de ma main, pour une giflette sûrement méritée.

Je tente :

« I don't know, may be he disobeyed ! »

« Are you sure you're right, I hope it doesn't hurt him ! »

Juste le temps de lui expliquer que j'allais y réfléchir ! Un peu plus, et je me retrouvais chez le juge pour enfant. Surréaliste...

Nos enfants sont inscrits à l'école anglophone. Avant six ans, le système canadien reste maternel. C'est bien différent en France. De nombreuses grandes sections semblent préparer les enfants à réussir le concours d'entrée au CP. Ces maternelles supérieures (Mat Sup !) précipitent déjà les plus vulnérables vers l'échec. Les Canadiens ne les stimulent pas outre mesure. Mais ils souhaitent qu'ils soient calmes.

Julien rentre le premier jour assez content : « C'est bien ; je ne comprends rien à ce qu'ils me

1. « Qu'est-ce qu'il a fait ? – Je ne sais plus, peut-être n'a-t-il pas obéi ? – Etes-vous sûr d'avoir raison et est-ce qu'il a mal ? »

disent, mais on joue tout le temps et puis, c'est bizarre, ils ne m'appellent pas Julien. » Je propose : « Julian ? » « Non, non, un autre mot, c'est quoi, Tom », et son frère répond : « Ils l'appellent tous "Be quiet"[1]. » Le rappel à l'ordre était si fréquent que le pauvre chéri croyait que c'était son nom ! Ça lui est resté d'ailleurs.

Priorité à l'évaluation

Ce voyage est un vrai bonheur. Du lundi au vendredi, le plaisir intellectuel. Les « fins de semaine », une pure merveille. Le relief si doux des Laurentides, l'embouchure du Saint-Laurent et ces baleines que l'on approche en zodiac, les lacs aux confins du Maine et des USA... Et ces petites villes victoriennes, qui mélangent francophonie farouche et charme britannique. Passer une nuit chez l'habitant à North Hattley... inoubliable !

Pendant cinq mois, j'accumule données nouvelles et leçons d'humanité. Je ne verrai plus jamais mes jeunes patients en difficulté de la même façon. C'est une certitude, tous les enfants doivent être évalués, avant de porter un diagnostic, et surtout un jugement.

Je crois n'avoir rencontré que des gens intéressants ; côté francophone d'abord. Sainte-

1. « Tiens-toi tranquille ! »

Justine reste un modèle d'hôpital pédiatrique. L'université de Montréal est immense et remplie de chercheurs venus du monde entier. Côté anglais aussi. Le Montreal Neurologic Institute, l'université Mac Gill et le Montreal Children Hospital sont tellement performants.

Bref, j'ai tout vu et j'aurais aimé plus encore...

Et puis l'histoire du Québec plane sur chaque rencontre et la colore d'un esprit particulier.

Une autre psychiatrie de l'enfant

Cet été-là, les Québécois préparaient un nouveau référendum afin de relancer le processus d'indépendance. Jamais scrutin n'avait été si incertain : 50 pour cent pour le oui, autant pour le non. L'émotion était palpable, en particulier à la fac, bastion indépendantiste. Je me suis laissé happer par cette effervescence, qui réactivait des souvenirs d'enfance (de Gaulle et son « vive le Québec libre » avait déchiré les adultes autour de moi !). À la réflexion, j'étais moins touché par les opinions souverainistes que par cette juste volonté de reconnaissance de la part du reste du Canada. Je partageais complètement ce désir d'exister « à part », qui me rappelait un peu la position particulière de mon service à l'hôpital neurologique : psychiatre au milieu des neurologues, à vocation pédiatrique parmi les unités d'adultes. La métaphore va plus loin, et dépasse la revendication affective. Si le Québec est si performant, c'est parce qu'il bénéficie des avancées anglo-saxonnes, en matière scientifique en particulier.

Si cette nation est compétente et originale, c'est aussi grâce à ce mélange de tradition francophone et de méthodologie américaine. C'est donc en m'adossant aux services sophistiqués de l'hôpital neurologique, et en bénéficiant de son plateau technique ultraperformant que je développerai une autre psychiatrie de l'enfant. Mais oui, mais c'est bien sûr !

Dès mon retour...

Quand le Boeing 747 rouge et blanc, frappé de la feuille d'érable, s'arrache de l'aéroport Mirabelle, j'ai une furieuse envie de me retourner. « L'été des Indiens » colore les Laurentides d'une chaleur incroyable. Cette parenthèse est si forte, humainement et intellectuellement. Elle sera un tournant dans ma vie professionnelle, une leçon de tolérance aussi...

Une hôtesse en rouge et bleu me tire de mes rêveries. « Vos enfants sont adorables, et ils m'ont bien expliqué qu'ils avaient trop chaud ; mais pouvez-vous leur demander d'arrêter d'essayer d'ouvrir l'issue de secours... » La tolérance a ses limites !

Ma reprise à Lyon est moins chanceuse, et plutôt placée sous le signe du désenchantement. La nouveauté fait peur. On regarde avec suspicion mes échelles d'évaluation, et ce regard global sur l'enfant paraît déranger. Vieux continent... Dix ans plus tard, tous mes confrères, même les plus irréductibles, reconnaissent que c'était juste...

Je reviendrai à Montréal...

2. Les causes affectives : Ils pourraient apprendre, mais ça ne marche pas.

Malik : « C'était quoi déjà votre question ? »

— Imagine que je te donne une baguette magique et qu'avec tu puisses réaliser deux rêves, qu'est-ce que tu choisirais ?

— Ne plus avoir de soucis... et puis... ne plus avoir d'angoisse.

— Le meilleur qui pourrait t'arriver, ce serait quoi ?

— Devenir normal.

Malik a l'air très sérieux. Toute sa petite personne semble habitée par l'angoisse. Ses réponses tournent autour de la peur, toujours la même, la hantise de ne pas être comme les autres. Ce petit Ardéchois à lunettes m'intrigue beaucoup. En plus, il entend des voix.

— Et elles te disent quoi ces voix ?

— Des trucs méchants, des trucs qui m'ennuient...

— Tu crois qu'elles existent ?

— Ben non, bien sûr, c'est bien ça qui m'énerve...

Malik a toujours eu des obsessions. À six ans il est obnubilé par les toits des maisons. Tous, sans exception, doivent être parfaitement droits. Alors il les suit avec son doigt pour vérifier leur alignement. Puis, il se prend de passion pour des petites figurines. Plus exactement pour la moustache de l'une d'entre elles. Elle l'obsède. Il s'angoisse aussi terriblement à l'idée de perdre un jouet, fait des fixations sur les plaques minéralogiques.

— C'était quoi déjà votre question ?

Malik semble se réveiller. Revenir d'une autre planète. Je répète ma question :

— Si tu devais mettre les moments tristes et les moments gais chacun dans un paquet, lequel serait le plus gros ?

— Pareil, le même paquet chacun.

Je le trouve préoccupé. La tête ailleurs. Envahi par des pensées plutôt noires. Il n'a pas de copains, peu importe selon lui, puisqu'il n'a pas envie d'en avoir. Faire un dessin lui demande un gros effort, il est très en retard pour son âge, ses représentations sont pauvres, sans imagination. De même son écriture est presque illisible. Son vocabulaire est riche mais son expression orale très réduite. Malik va sur ses onze ans. Il est en CM1, et en retard d'une classe.

« Il n'arrive pas à soutenir le rythme scolaire, raconte sa maman. En mathématiques il a beaucoup de mal, il est bon en dictée et son point fort c'est sa mémoire. Il lit sa poésie une fois, et il la sait. »

Elle explique aussi qu'il se donne du mal. Il essaie de s'appliquer mais ses efforts ne paient pas. C'est un solitaire, il faut dire que personne ne le recherche non plus. Une souffrance de plus... C'est sûrement à cause d'une mauvaise réputation qui le suit partout. Pas facile à la campagne... quand tout le monde se connaît : « Parfois, il se lâche à la récré. Il explose sans raison et fait fuir les autres, ils en ont peur ! »

Des crises qu'elle redoute à la maison : « D'un seul coup il part en vrille, devient impertinent et n'a plus de limites. Il dit de sa baby-sitter qu'il n'y a qu'à s'en débarrasser. » L'adolescence qui commence ? Elle y pense parfois. Mais non, elle n'y croit pas trop... Malik a toujours été à part, peu sociable et la tête ailleurs, un peu comme s'il était spectateur du monde qui l'entoure. Elle me demande si elle doit travailler moins pour s'occuper de lui. Elle est mal, c'est évident. Anxieuse et dépassée...

Quelque chose qui cloche...

Malik me semble pensif, malheureux. Il ne sourit pas. La vie a l'air d'être un cauchemar pour lui. Et puis ces petites obsessions qui persistent... je n'aime pas trop ça. Car l'année dernière, alors que je le voyais pour la première fois, je l'avais déjà trouvé anxieux, préoccupé. J'avais souhaité qu'il rencontre une psychologue, au Centre médico-psychologique de son village, afin qu'il puisse évoquer ses soucis. Qui pourraient n'être que passagers.

Mais qui pourraient aussi s'organiser en véritable TOC*, ces manies qu'un enfant se fabrique tout seul, involontairement, pour calmer son angoisse. À surveiller...

Il a rencontré la psy, sans entrain. Et sans résultats d'après la maman. « Elle a tout tenté, mais il ne lui disait rien, refusait même de dessiner... » Et aujourd'hui, ses pensées sont toujours là. Avec peut-être moins d'intensité. Mais le moral de Malik ne décolle pas. À l'école, ce n'est pas mieux, même s'il bénéficie d'une grande compréhension de la part de l'encadrement. Et d'une incroyable mémoire qui l'empêche de couler. Bref, quelque chose nous échappe, et je suis déçu du peu d'effet des entretiens psychologiques.

Je propose de garder Malik une semaine dans le service. Sa mère est d'accord car elle commence à s'inquiéter sérieusement : « Il est tellement différent de son petit frère... et puis ce qui nous fait du mal c'est sa façon de s'isoler, même à la maison. » Je me pose moi aussi des questions, car les peurs de Malik commencent à être réellement invalidantes.

Je me replonge dans l'histoire de sa petite enfance : à six ans, il voit un psychiatre. Il suit un traitement médicamenteux et des séances de psychothérapie car on décèle chez lui une angoisse excessive, la peur de tout. Puis en grandissant, les symptômes s'atténuent. Les parents s'occupent beaucoup de lui. Ce traitement qu'ils vivent mal, ils l'arrêtent. Arrive un petit deuxième, ils se disent alors que les choses vont s'arranger. Malik est « spécial », ils s'en accommodent, pas de quoi en faire une maladie... ils essayent de ne pas en rajouter.

... en particulier à l'école

Ce qui n'évolue pas, c'est l'école. C'est à ce moment-là qu'un médecin traitant me l'adresse : « Bien que son comportement à la maison se normalise doucement, Malik reste en grande difficulté scolaire. » Non seulement il peine à apprendre, mais il se conduit mal, se bagarre fréquemment ou reste dans son coin. Et puis toujours cette attitude un peu bizarre. Ses « Tintin » appris par cœur, ses gestes répétitifs, le besoin de tout contrôler.

Sa mère tente une explication : « Vous savez docteur, nous avons toujours eu un rapport fusionnel, et quand je ne vais pas bien, Malik ne va pas bien. »

J'essaie de lui faire comprendre que ce n'est pas de sa faute. Que c'est certainement plus compliqué. Peut-être même qu'elle l'a plus protégé car, dès le départ, elle l'a senti tellement anxieux... Qu'il faut du temps. Le problème de son fils est d'ordre psychique et ce n'est jamais simple d'en trouver l'origine. Nous allons continuer à chercher, afin de l'aider à mieux comprendre comment il fonctionne. Et trouver des solutions pour le guider vers la sortie de cette impasse scolaire.

Malik commence son séjour dans une attitude d'opposition. Forte. Il menace de s'en aller. On le trouve très nerveux. Il se met en colère pour un oui pour un non, devient tout rouge et menace de frapper. Il fait aussi beaucoup de bruits bizarres, des gestes insolites et répétitifs comme toucher ses pieds, ses lunettes ou le carrelage, au moins dix fois de suite. Quand je parle avec lui de ses soucis et de ce qu'il souhaiterait, il me répond : « Que la colère sorte de ma tête, que les idées arrêtent de venir m'embêter. »

Puis progressivement il se détend et surprend tout le service. Il devient plus agréable, supporte mieux les contraintes, et les conflits avec les petits camarades sont plus vite désamorcés. Preuve que ce qui lui est familier devient moins anxiogène. Autre signe particulier, Malik, qui est intelligent, trouve de lui-même des parades pour gérer son angoisse, comme se réfugier dans la lecture assidue d'une bande dessinée dans ses moments de blues. Il se déplace toujours un livre sous le bras.

J'attends beaucoup des « tests de personnalité » qui devraient m'aider à mieux cerner son profil. En particulier sa façon de raconter l'histoire de Patte Noire. Globalement les résultats de Malik sont peu informatifs. Ils confirment un fonctionnement psychologique très organisé, ritualisé voire cadenassé... Ses commentaires sont pauvres, concis, sans fantaisie. Il participe sans enthousiasme. Et refuse systématiquement les situations censées déclencher de l'angoisse (quand Patte Noire est seul, ou menacé) : « Ça ne me dit rien, j'ai pas d'idée... », alors qu'en même temps ses deux index entrent en contact au moins cinq fois de suite ! Un TOC en direct... qui signe le diagnostic. En effet, ce rituel inconscient le trahit : les images que l'on vient de lui soumettre ont réveillé en lui cette anxiété qu'il a tant de mal à contenir. Et cette forme d'aveu, incontrôlé, le rend malheureux.

Dans ses conclusions, la psychologue note : « Beaucoup de peur d'abandon, des idées morbides qui l'inquiètent sûrement... mais un besoin constant de maîtriser les situations, et beaucoup de mal à gérer ses émotions. »

Un malaise plus profond

Quand sa maman vient le chercher, je lui retranscris fidèlement l'observation de l'équipe. Malik présente des TOC, depuis longtemps, et ses obsessions pour les plaques minéralogiques ou l'alphabet en étaient les prémisses. On le savait déjà. Mais aujourd'hui on a avancé dans leur interprétation. Ces troubles ne sont qu'une « couverture ». Ils cachent un malaise plus diffus. Une anxiété flottante, envahissante, dont l'origine reste inconnue. Peut-être est-il né avec... Ce qui est sûr, c'est qu'il lui faut à tout prix la cadenasser. Sous peine qu'elle ne déborde. Malik s'épuise à lutter contre ses craintes, et à mettre en place, encore et encore, ses « barrières » de protection psychique. Plus de place pour réfléchir, travailler. Et malheur à ceux qui l'empêchent d'effectuer ses rituels salvateurs. Ils s'exposent à une explosion de colère qui leur paraît injustifiée...

Ses « manies » sont sa façon à lui de dire stop au film d'angoisse qui se déroule dans sa tête, un mouvement de réaction face à l'envahissement de sa pensée par ses idées fixes. Ses préoccupations lui font perdre énormément de temps. Pendant qu'il se raconte des histoires, son esprit n'est pas disponible. Il est totalement fermé aux sollicitations de l'extérieur. Tout ce qui se passe à l'école lui échappe. Sa pensée est hermétique aux apprentissages. La place est déjà prise. Il faut casser cette logique infernale.

Des parents rassurés, donc rassurants

Malik doit apprendre à fonctionner comme les autres. Le point de départ est de lui permettre d'évoluer dans un environnement apaisant. Avec des parents rassurés, donc rassurants. Il va lui falloir un sérieux coup de main pour le sortir de l'isolement : inviter des copains à la maison, lui faire pratiquer un sport. L'aider à reprendre le fil de l'école, où un « contrat d'intégration » est nécessaire avant l'entrée au collège. Pour sensibiliser les enseignants sur l'origine des débordements et les aider à tolérer certains rituels. Les impliquer avec nous pour soutenir Malik dans un projet pédagogique. De mon côté je m'y engage.

Et puis un traitement reste indispensable. Je propose une nouvelle molécule qui a fait la preuve de sa capacité à diminuer les rituels et qui à faible dose (25 mg chaque matin) devrait l'aider à contrôler son angoisse. Et limiter ainsi les pensées répétitives qu'il s'invente de toutes pièces. Ses peurs devraient en être apaisées, surtout s'il arrive à les évoquer avec la psychologue que je lui recommande : « Le médicament va diminuer tes TOC, mais il faut absolument que tu arrives à sortir ce que tu as dans la tête, comme la vapeur d'une cocotte-minute ! »

La maman doit m'appeler dans une semaine pour me donner des nouvelles et évaluer l'effet du traitement. J'adresse une lettre au médecin traitant pour le tenir informé.

L'embellie

L'appel est rassurant. Il n'y a pas eu de miracle mais Malik parle souvent de son séjour chez nous, et il est a priori plus détendu. Pourtant la maman préfère rester prudente. Du moins est-elle rassurée sur le traitement. Il semble bien le supporter, elle est d'accord pour continuer. On refera un bilan en milieu d'année. Entre-temps je dois m'occuper de l'école.

Six mois plus tard, je reçois à nouveau Malik dans mon service, comme convenu, pour deux jours de réévaluation. « Changement spectaculaire, me disent les parents, à la maison, c'est une nouvelle vie qui a commencé ! » Malik va mieux, il est moins anxieux, plus posé, et on voit moins de TOC. Le contrat avec l'école est en place. Les enseignants sont plutôt contents : son niveau s'est amélioré. Il est plus sage, peut-être pas aussi rapide qu'avant, mais en tout cas beaucoup plus sociable. Il y a bien eu un problème dernièrement avec une petite fille qui l'a agressé, il a piqué une crise mais s'est retenu. Il a serré les poings très fort et ne l'a pas frappée. L'ensemble est positif. Il a commencé le judo et il s'y rend avec un voisin.

Ce second bilan hospitalier confirme le constat général. On trouve Malik moins impulsif, plus calme, plus épanoui. Ses dessins sont plus gais, plus riches aussi et son écriture est plus rapide, mieux structurée. Mais de mon côté, je le trouve toujours un peu tristounet, même s'il reconnaît que « ses idées idiotes ont diminué de plus de la moitié ». Je lui redemande ce qu'il voudrait encore améliorer dans sa vie : « Je voudrais avoir moins de soucis. » Il a toujours quelques manies, des gestes répétitifs et cette façon de parler trop peu contrôlée. Plus quelques idées fixes dont il ne se débarrasse pas complètement : « Je ne me sens pas encore tout à fait comme les autres. Je fais des trucs qu'ils ne font pas, je ne peux pas m'en empêcher... mais j'arrive mieux à les cacher, car c'est moins fort qu'avant. Vous croyez que ça va disparaître complètement un jour ? »

Néanmoins il a progressé, il est plus « réaliste » dans ses pensées, il exprime mieux ses émotions. Quant aux voix qui l'obsédaient : « Je ne les entends plus, de toute façon, elles n'ont jamais existé. Je croyais vraiment que j'étais fou, toqué ! »

Il accepte volontiers son petit frère avec lequel il est en train de tisser un lien très fort. Je perçois nettement qu'un gros soutien familial a porté ses fruits. Et ses parents me le confirment : « On s'est beaucoup rapprochés, surtout quand on s'est aperçu qu'il allait mieux. » Je les sens aptes à soutenir leur fils qui en a encore besoin, malgré les progrès réalisés et le bilan plutôt rassurant que je viens de leur dresser. Et comme on ne se reverra pas avant un an, je pose l'une de mes questions préférées, synonyme pour moi que l'on a avancé :

— Quel est le problème de votre fils aujourd'hui selon vous ?

— Malik manque encore de confiance en lui, il perd ses moyens facilement, et n'a pas les résultats scolaires qu'il mérite.

— Il doit réapprendre à fonctionner pour lui-même. Mais il a maintenant des soucis qui se rapprochent de ceux des enfants de son âge, rien à voir avec le cauchemar dans lequel il vivait encore il y a six mois.

Il va falloir continuer dans la même voie. Ne pas arrêter le traitement tout de suite, ce serait prématuré. Revoir la psychologue qui sera certainement surprise des capacités nouvelles de Malik pour exprimer ses émotions. Ce qui autorise alors un vrai travail psychothérapique. On refera le point dans un an. Malik est bien parti mais il doit encore être surveillé et tenu par la main. Comme beaucoup, c'est un petit garçon qui a besoin d'être accompagné pour pouvoir un jour être ce qu'il souhaite, vainqueur de ses « ennemis intérieurs[1] », enfin libre dans sa tête. Bref, devenir « un enfant comme les autres ».

1. Jean Cottraux, *Les Ennemis intérieurs : obsessions et compulsions*, Odile Jacob, 1998.

Les TOC, des petits secrets bien gardés

Il a toujours peur d'oublier quelque chose. Sur le chemin de l'école il ouvre son cartable plusieurs fois pour vérifier s'il a bien toutes ses affaires. On pense de cet enfant qu'il est « maniaque ». En fait, il souffre peut-être d'un « TOC », un trouble obsessionnel compulsif qui se traduit par des pensées démesurées par rapport à la réalité et souvent par des actes impulsifs, répétitifs. Dans les cas les moins sévères, ces intrusions involontaires et toujours inappropriées ne se manifestent que dans le cadre familial. Mais elles s'aggravent dans le temps, faute de diagnostic. Elles entraînent un sentiment aigu de détresse et se répercutent sur la vie scolaire et sociale de l'enfant. Elles entravent sérieusement son fonctionnement psychique.

Les obsessions les plus fréquentes touchent la saleté ou la peur d'attraper une maladie. L'enfant se met alors à se laver les mains dès qu'un lavabo est à sa portée. Quitte à en avoir la peau irritée et à voir apparaître une dermatite. En outre la serviette qu'il utilise à la maison doit être d'une propreté irréprochable. Il va lui-même en changer régulièrement.

Un goût immodéré pour l'ordre et la symétrie

Dans sa chambre, chaque objet a une place précise, nul ne doit y toucher. Et le soir il peut lui être nécessaire de vérifier cet ordonnancement parfait avant d'aller au lit. Voire de se relever plusieurs fois pour procéder à d'ultimes contrôles, une condition sine qua non pour pouvoir s'endormir.

Quand il s'agit d'actes répétitifs, il les exécute comme une prière pour conjurer une échéance qu'il redoute. Il compte les marches qui le conduisent à sa classe. Si leur nombre est un multiple de cinq, il n'est pas interrogé. Sinon, c'est lui que la maîtresse va désigner et il est bon pour un zéro. Et ce petit « truc » bien à lui, il va le refaire pour un oui pour un non. Même s'il connaît le nombre de marches par cœur. Le défi qu'il s'impose est de ne pas se tromper dans le comptage !

Alors bien sûr, il ne va pas le crier sur les toits. À qui confier ces petites manies qu'il trouve lui-même ridicules ! Surtout pas aux copains qui se moqueraient de lui, quant aux parents, ils ne le croiraient pas. Et de toute façon ils lui diraient qu'il n'avait qu'à apprendre sa leçon ! Non, personne ne comprendrait.

Le nœud du problème

C'est là que réside le plus gros problème des TOC. Comment les détecter quand ils ne se voient pas. Quand ils sont un secret bien gardé dont l'enfant n'ose pas parler et qu'il gère comme il peut. Des obsessions qui deviennent tyranniques et qui finissent par le préoccuper sans même qu'il en ait conscience. D'autant que cette mécanique cérébrale est sournoise. Elle ne laisse aucun répit à sa proie en se renouvelant sans cesse. L'enfant va en subir les conséquences sur son comportement. Il n'est pas étonnant qu'il devienne agité voire agressif. Et surtout moins disponible pour les apprentissages. Les TOC sont une entrave à l'adaptation scolaire. Ne serait-ce que par la perte de temps qu'ils engendrent. Celle-ci est estimée en moyenne à plus d'une heure par jour.

Kévin, dix ans, est amené par ses parents pour une chute brutale de ses résultats scolaires. Actuellement en cinquième, Kévin a toujours été un élève brillant. Jusqu'à Noël dernier. Depuis la rentrée de janvier c'est la catastrophe, le bulletin du second trimestre est sans appel : « Que s'est-il passé ? » Effondrement dans toutes les matières, alors que le travail à la maison est toujours aussi soutenu.

L'aspect préoccupé de l'enfant me conduit à l'interroger sur d'éventuelles idées gênantes. « Comment vous le savez ? » Soulagé, il m'apprend qu'il a embrassé une petite copine de la classe sur la joue, et que depuis, il est persuadé d'avoir attrapé le sida. Croiser chaque matin le regard de Jennifer réactive cette idée fixe. Et l'angoisse qui va avec. La seule chose qui lui permet de l'apaiser est de regarder successivement chaque coin de la salle de cours en répétant dans sa tête : « Ça n'a vraiment pas d'importance... ça n'a vraiment pas d'importance... » Et malheur à lui si l'enseignant l'interpelle pour lui demander ce qu'il cherche au plafond ! Car il lui faut alors recommencer ce rituel depuis le début. Kévin rate ainsi tous les matins les premiers quarts d'heure de cours.

Il faut noter toutefois que la plupart des enfants au cours de leur développement s'adonnent à un certain nombre de rituels considérés comme anecdotiques et normaux. Ne serait-ce que le sacro-saint rituel du coucher : rangement des pantoufles, positionnement de l'oreiller, le verre d'eau, le rappel des parents et re-le verre d'eau, etc. Ce sont des conduites banales souvent associées à des peurs phobiques, des monstres, du noir... qui disparaissent vers l'âge de sept ou huit ans.

Il n'ose pas en parler

En revanche, lorsque les TOC sont une pathologie, ils évoluent et se multiplient. Et finissent par s'aggraver. Les simples idées obsédantes se compliquent, leur récurrence angoisse l'enfant qui ne peut les contrôler autrement que par des manies souvent absurdes et gênantes. Et le pire est que l'enfant en reconnaît l'aspect ridicule, mais qu'il ne peut les éviter. Surtout, il n'ose pas en parler. Les rituels cachés resteront longtemps secrets, en revanche certains seront vite repérés : lavages de mains incessants, rangements excessifs, vérifications multiples. C'est un tournant décisif que prend la maladie. Elle devient alors chronique dans ses manifestations et surtout oblige l'enfant à faire preuve d'imagination et à produire sans cesse de nouvelles parades. C'est l'engrenage.

Ignoré des médecins

Jusqu'à présent on ne parlait des TOC qu'à l'âge adulte. Or de récents travaux épidémiologiques ont montré qu'ils touchaient 2 à 3 pour cent des enfants et adolescents. Malgré ce constat, les TOC restent largement ignorés de la plupart des médecins d'enfants. D'où une majorité de cas révélés encore trop tardivement. L'âge moyen de l'apparition des symptômes se situerait aux alentours de sept ans, les troubles semble-t-il démarrant dès l'école primaire. Le fait que les enfants n'en parlent pas et que leurs manies ne soient pas toujours apparentes retarde d'autant le diagnostic.

Pour aider l'enfant à se libérer de cette emprise, il faut l'interroger. Pas facile bien sûr mais notre expérience a montré l'efficacité de questions claires et sans ambiguïté :

— T'arrive-t-il souvent de penser à des choses absurdes, ou tellement bêtes que tu n'oses pas en parler ?

— Te sens-tu parfois obligé de faire plusieurs fois la même chose, comme vérifier, ranger, compter ou te laver, pour chasser des idées ou des images qui te dérangent et te sentir mieux après ?

Il est étonnant de s'apercevoir que le fait d'en parler et d'avoir le sentiment d'être compris représente la moitié du chemin effectué vers l'apaisement. L'enfant ne se sent plus seul au monde, affecté d'une « tare » que personne ne peut soupçonner. Il se libère de son secret qui lui pèse tant. Et si sa famille se montre compréhensive et rassurante, les chances de guérison sont d'autant plus grandes.

Les premiers signes

Mais tout d'abord comment naît le doute ? Quand les parents évoquent des durées d'habillage et de toilette interminables, des devoirs scolaires maintes fois vérifiés ou encore des objets inutiles et obsolètes gardés précieusement. On peut commencer à s'interroger. Mais, pas de panique, l'observation peut en rester là. Il ne s'agit que d'indices à vérifier en tête en tête avec l'enfant. En effet, et cela lui demande un gros effort, l'enfant doit lui-même exprimer ce qui le gêne. Au médecin de se montrer suffisamment complice et de l'aider à se confier. Cet entretien est décisif. À partir de là le diagnostic n'est plus très loin. Il reste ensuite à notre disposition des questionnaires standardisés, très utiles pour compléter notre appréhension du jeune patient. Ces outils ont l'avantage de mesurer l'intensité des obsessions et de les classer par ordre d'importance.

D'autres investigations sont nécessaires pour affiner le repérage de troubles « associés ». Car les TOC sont rarement isolés. Dans 70 pour cent des cas ils seraient accompagnés ou découleraient d'autres problèmes. L'analyse détaillée de la chronologie de leur apparition est un élément essentiel pour comprendre les éventuels liens entre TOC et autres perturbations. Par exemple une anxiété de séparation dans laquelle domine la peur d'un accident pour l'un des parents peut être difficile à distinguer d'une obsession phobique.

Une stratégie thérapeutique...

La perturbation spécifique du TOC une fois détectée, une stratégie thérapeutique va pouvoir être mise en œuvre, grâce à de gros progrès réalisés ces dernières années. Elle se fait en trois volets. Un triptyque dont le pivot est le médecin, amené à prendre une part grandissante, non seulement dans la détection mais aussi dans l'organisation de la thérapie. En effet, autant pour l'enfant que pour ses parents, l'idée d'aller voir un « psy » ne s'impose pas d'emblée. La qualité de la démarche vers le psychothérapeute dépend souvent de l'intérêt que va lui accorder le pédiatre ou le généraliste.

... avec les parents...

Tout d'abord, l'aide apportée aux parents constitue le socle sur lequel repose la prise en charge. Il est prouvé que leur rôle prend une part énorme dans l'évolution de la maladie, au moins cinquante pour cent. C'est pourquoi ils doivent être soutenus et guidés pour gérer au mieux les attitudes incongrues de leur enfant sans tomber dans le rejet ou à l'inverse dans une complicité excessive. Le rôle des associations parentales[1] doit aussi être souligné par l'appui important qu'elles représentent. Dans les cas sévères qui débordent le cadre familial, l'école doit aussi être impliquée et informée. Un projet d'accueil individualisé peut être envisagé pour préserver l'intégration scolaire de l'enfant.

... l'aide d'un médicament...

Le deuxième volet est la prescription d'un médicament. Il y a consensus médical sur l'efficacité d'une molécule capable d'agir sur la transmission de la sérotonine, une substance dont le déficit dans le cerveau central serait à l'origine des TOC. La durée du traitement est variable, mais le risque de rechute étant toujours possible, l'expérience incite à prolonger la prise de neuf à douze mois.

... et d'un thérapeute

Enfin, un projet psychothérapeutique doit être mis en place, avec des objectifs et des modalités adaptés au profil de l'enfant. Le suivi doit être assuré par des

1. Voir adresses page 277.

thérapeutes spécialement formés[1], capables d'apprendre à l'enfant à modifier son comportement et son système de pensée. L'efficacité d'une intervention de type « cognitivo-comportementale » a été prouvée dans le domaine des TOC. D'une durée de trois à six mois, elle est fondée sur le principe d'« exposition avec prévention de la réponse ». Cette technique de déconditionnement consiste à confronter l'enfant en situation réelle, de manière graduelle et répétée, aux différents stimuli qui provoquent son angoisse, tout en lui demandant de résister à ses automatismes et à ses conduites d'évitement. Les résultats obtenus sont convaincants, grâce à l'habitude qu'il prend de réduire ses réponses impulsives. Cette thérapie peut être complétée par des tâches à réaliser à la maison et supervisées par les parents. Pragmatique et interactive, la méthode a l'avantage de plaire à l'enfant qui s'investit. Cette prise en charge n'a pas pour but d'éradiquer la totalité des obsessions, mais d'en limiter la survenue, de maîtriser l'anxiété et de contrôler la ritualisation de façon à ce que le jeune patient puisse recouvrer une qualité de fonctionnement correct.

Quant à l'origine des TOC, ces vingt dernières années ont vu émerger une approche neurobiologique pour tenter de l'expliquer. Plusieurs facteurs inhérents à l'enfant peuvent en être objectivement

1. Un annuaire spécialisé par région est disponible sur le site internet de l'Association française de thérapie comportementale et cognitive : www.aftcc.org/annuaire.html.

responsables, comme un déficit de sérotonine, une hyperactivité fonctionnelle du cortex ou une prédisposition génétique. Néanmoins leur action ne peut être indépendante de la prise en compte du rôle de l'environnement. Dans le point de départ du trouble et dans son évolution.

Recherche Virginie, désespérément !

« Le début de l'année s'est bien passé : bon travail, participation satisfaisante. Puis la motivation de Virginie a disparu. Elle a du mal à rester concentrée, elle commence et ne finit pas son travail. Elle reste sans rien faire à regarder les autres. Je pense qu'elle est bloquée. »

C'est la maîtresse qui écrit. Virginie a six ans et demi, elle est en CP.

Je la reçois avec sa maman pour la deuxième fois. Mais cette fois-ci il y a le feu. Virginie ne fait plus rien en classe. Son enseignante la garde à la récré pour la faire travailler. Ses résultats sont catastrophiques. Et à la maison elle est infernale. Son comportement est imprévisible. Elle passe de l'inertie à l'opposition. Parfois violente. « L'autre jour, elle m'a lancé une chaise à la figure », dit sa mère.

Apparences trompeuses

L'année dernière elles étaient venues me voir car Virginie réglait ses comptes à travers le sommeil.

Impossible de la mettre au lit. Elle se révoltait à la seule idée d'aller se coucher. Dormir lui faisait l'effet d'une punition, elle pouvait se réveiller jusqu'à six fois par nuit. Et puis dire « non » à sa mère était devenu son mot préféré.

À cette époque-là, j'avais conseillé que Virginie rencontre un psychologue. Elle était vive, gaie, mangeait de bon appétit, allait à l'école de bon cœur, sûre d'y retrouver une bande de copains et de copines. Mais elle n'obéissait pas. Elle avait selon moi surtout besoin de « guidance parentale ». Rien de plus. Une affaire d'éducation. Virginie vivait seule avec sa sœur et sa mère.

Les apparences étaient trompeuses. Virginie couvait quelque chose de plus grave. De plus, la rencontre avec le psychologue s'était mal passée. Son attitude avait coupé court au projet. Il avait prétendu ne rien pouvoir faire sans rencontrer le père de Virginie. Raté ! Son père, elle ne l'a pas vu depuis l'âge de un an.

Je poursuis la lecture de la lettre de l'enseignante : « D'un point de vue relationnel, Virginie n'a qu'une amie et a tendance à en profiter : elle n'est pas gênée de lui demander de porter son cartable. Et lors de mes remarques, elle ne manifeste aucune réaction. »

Tout… sauf le travail !

Virginie est une petite fille coquine et rigolote, blonde aux yeux très clairs, avec des taches de rousseur qui accentuent son côté espiègle. Pas spécialement agitée lorsqu'elle est seule avec moi. Beaucoup plus en présence de sa maman. Je lui demande ce qu'elle aime à l'école : « J'aime tout… sauf le travail », si elle a des soucis « à l'école je parle tout le temps et à la maison je fais crier maman ». Je pense toujours que cette petite fille a besoin d'un cadre éducatif plus strict. Mais le décalage, entre son apparente sérénité et l'avis péjoratif de l'enseignante, m'incite à la prudence. J'ajoute dans mes notes « optimisme de façade ? ». À vérifier.

Devant l'inquiétude maternelle et le désarroi de la maîtresse, je propose de la garder quatre jours en observation dans mon service. Elle paraît ravie. Sa mère est d'accord, mais pour la journée seulement. Le soir elle rentrera à la maison. Égale à elle-même, Virginie s'oppose. Ce qu'elle veut, c'est dormir à l'hôpital. Normal !

Finalement Virginie reste le soir dans notre unité. Et refuse de voir sa mère. Au cours de son séjour, elle se « pose », se calme progressivement. Après s'être montrée impulsive et dispersée la première journée, elle paraît plus sérieuse, voire préoccupée. Mais ce sont surtout ses réactions au cours des jeux qui nous étonnent. À l'évidence elle doute d'elle-même, a toujours peur de se tromper et répète souvent : « Je suis nulle. » Elle a toujours mal quelque part et sollicite les infirmières pour des « bobos ». En revanche, on ne retrouve pas l'opposition décrite à la maison. Le contact avec les autres enfants est plutôt bon, même si elle a tendance à être trop exclusive dans ses amitiés. Les enseignants de

« l'école à l'hôpital » sont surpris par sa façon de « refuser l'obstacle » face à des questions pourtant simples : « Je ne sais pas faire. »

Pourtant son QI est normal avec quelques points faibles : une difficulté à s'orienter dans l'espace, un trop-plein d'impulsivité et l'absence de stratégie dans ses réalisations. Le test de personnalité nous offre un début d'explication et permet de mieux comprendre le décrochage scolaire et les débordements comportementaux. Dans le « Patte Noire », Virginie met en scène un personnage un peu triste qui redoute en permanence d'être abandonné : « Il va la retrouver sa maman !... Dis-moi, il va bien la retrouver ? » Sur d'autres planches, elle l'imagine en héros fatigué, rejeté par les autres : « Car il est trop méchant. » Mais il ne sait pas quoi faire pour que ça change. Bref, un personnage malheureux, obligé de faire le pitre pour qu'on ne l'oublie pas. En revanche, l'ancrage dans la réalité est bon, avec même une perception douloureuse de sa situation. Tout ceci pourrait bien donner un sens au « comportement de façade » que la fillette semble avoir adopté. La normalité du bilan organique (examen neurologique, électroencéphalogramme) renforce encore notre hypothèse.

Une dépression masquée

Le jour de la sortie, je la revois avec sa mère. Je raconte les quatre jours : « Bon comportement d'ensemble. Côté personnalité, pas d'inquiétude.

Virginie est en train de se structurer. Elle est bien adaptée à la réalité. Sur le plan des compétences, elle est suffisamment équipée pour réussir ses études. En revanche, c'est son humeur qui ne va pas. Virginie présente une « dépression masquée ». Cela ne se voit pas, mais votre fille déprime. »

Devant la surprise de la maman : « Vous la verriez m'agresser, vous ne la trouveriez pas déprimée ! » J'explique que la dépression de l'enfant est plus fréquente qu'on ne le croit. On passe souvent à côté car elle se manifeste par des comportements qui n'ont rien à voir avec l'idée que les parents s'en font. Et chez Virginie ce masque dépressif prend même deux visages. Il se cache derrière d'authentiques – mais discrets – problèmes psychomoteurs (notamment un excès d'impulsivité) qu'il amplifie et dont il aggrave l'impact. À l'école, il accapare ses pensées, ce qui se traduit par des mauvais résultats alors qu'elle a toutes les capacités pour réussir. Sa maman s'intéresse, elle veut comprendre, savoir si c'est de sa faute et me demande si elle est trop sévère : « On me dit que je suis trop intransigeante. Quand Virginie dit qu'elle n'y arrive pas avant d'avoir essayé, ça, je ne le supporte pas. Que faire ? »

Avant tout faire preuve de « fermeté bienveillante »

Mais pour cela, l'entourage doit bien comprendre les causes des débordements de la fillette. Admettre qu'il s'agit avant tout de lutter contre un fort sentiment de tristesse. L'objectif est alors de la rassurer. Sur ce qu'elle est, ce qu'elle vaut, ce qu'on pense d'elle. Sur l'avenir qu'on lui imagine. De relativiser l'importance de ses difficultés scolaires, et au contraire de valoriser les activités où elle excelle. Voire lui en offrir d'autres, qui réveilleront sa curiosité et stimuleront son envie de grandir.

Puis lui proposer d'évoquer tous ses soucis, avec un thérapeute chaleureux, qui saura lui faire dire, avec ses mots, le malaise qu'elle exprime par son opposition. Mais avant tout, il faut la réinstaller dans sa vie de petite fille. Car, plus que les autres enfants, Virginie a besoin d'être cadrée à la maison. Elle se comporte comme tous ceux (et c'est normal !) qui testent leurs proches pour savoir s'ils seront capables de les protéger. Mais pour elle, l'enjeu est de taille. Sa dépression la fragilise, alors elle en demande plus. Elle pousse sa mère à bout. Elle attend un signe. Elle attend le « tu vas en prendre une ». Et si la menace n'arrive pas, son angoisse monte d'un cran. Avec l'idée inconsciente que sa mère ne sera pas à la hauteur : « Si un jour j'ai besoin d'elle, est-ce qu'elle sera assez forte ? »

Avoir une mère déprimée, c'est déprimant

Tous les enfants fonctionnent comme ça. Aux parents de rester dans leur rôle.

Dans le cas de Virginie, dont la mère est d'évidence assez inquiète et tourmentée, la spirale infernale s'installe : avoir une mère déprimée, c'est déprimant. L'enfant doit vérifier sans cesse si elle va bien. Maladroitement, il la provoque et teste ses réactions. Et toutes ces interrogations rejaillissent entre les cycles de sommeil, au souvenir de l'humeur de la personne qui l'a couché. L'image d'une maman triste, c'est plusieurs réveils garantis en cours de nuit. Pour la rappeler et vérifier où en est son moral.

Ce sommeil de mauvaise qualité finit par retentir sur l'école. Un impact aggravé par la surveillance incessante de l'état d'esprit de sa maman, son avenir incertain et le flot de ses soucis. Et progressivement, c'est tout l'espace psychique qui est accaparé par la tristesse et l'anxiété. Survient alors l'échec scolaire, quasi inévitable. Apparemment incompréhensible au vu de compétences bien réelles mais engluées. Comme dans un sable mouvant, Virginie sombre douloureusement. Et pis, ses efforts malhabiles et désordonnés pour s'en sortir l'enfoncent encore davantage. Sa demande, qu'elle ne peut formuler et que personne n'entend, est une forme d'appel au secours. Une aide qu'elle recherche, désespérément.

La dépression : « ... pas à son âge ! »

C'est l'histoire d'Arnaud, huit ans en CE2. Il n'est pas au niveau, ne retient rien. À la Toussaint, sa maîtresse convoque la maman : « S'il continue comme ça, il va redoubler ! » Catastrophe, Arnaud se fait punir, « tu as intérêt à travailler », les consignes pleuvent à la maison. Le temps passe, les notes sont toujours aussi mauvaises, mais la maîtresse ne se manifeste plus. Jusqu'à la fin de l'année où la maman décide d'aller la voir :

— Bon, j'imagine qu'Arnaud redouble vu ses résultats ! ?

— Non, ne vous inquiétez pas, il va passer.

— Ah bon ! Mais je croyais que...

— Vu le contexte... j'ai pensé qu'il valait mieux le laisser tranquille...

— Parce qu'il vous a posé des problèmes ?

— Non, mais il m'a dit pour votre mari...

— ... ? ?

— Oui, il m'a dit pour la prison... où il est depuis deux ans...

Arnaud avait deux bonnes raisons d'inventer toute cette histoire : il justifiait son échec et auto-entretenait sa déprime. Grâce à un énorme mensonge, il réglait son problème avec l'école et l'attitude condescendante de la maîtresse collait parfaitement à sa dépression. En plus il s'était inventé une vie dramatique, à la hauteur de ses idées noires. Le type même de l'enfant dépressif.

Les psychiatres français ne se sont intéressés à la dépression enfantine que tardivement, ces vingt dernières années seulement. La première conférence de consensus entre experts remonte à 1995[1]. Pourtant des spécialistes d'autres pays en parlaient depuis longtemps. La littérature et le cinéma ne s'en sont pas privés. *Poil de Carotte* (Jules Renard), un petit garçon dépressif à la tignasse rousse, regrette de ne pas avoir la chance d'être orphelin. Dans *Jeux interdits* de René Clément (1951), Paulette et son petit complice se régalent de jeux macabres. On peut citer encore le personnage d'Oskar dans *Le Tambour* de Volker Schlöndorff (1979), qui décide à l'âge de trois ans de ne plus grandir. Et bien sûr Andrea dans *L'Incompris* de Luigi Comencini (1967), qui sacrifie sa vie à onze ans pour conquérir l'amour de son père.

Des petits Poil de Carotte et des Paulette, il y en a de plus en plus aujourd'hui. Mais on ne veut pas les voir. Médecins, enseignants, parents... personne

1. Voir annexe 3 page 272.

ne veut croire à la dépression de l'enfant, deux mondes qui ne devraient jamais se rencontrer. D'un côté les idées noires et le renoncement, de l'autre la gaieté et l'insouciance ! Associer enfance et dépression est insupportable pour l'adulte. C'est aussi parce que chacun d'entre nous a son propre poids de souvenirs à gérer. Avoir un enfant déprimé en face de soi, ce n'est pas anodin. Il nous replonge dans notre enfance et ce qu'il fait remonter à la surface c'est justement ce que nous avions pris soin d'oublier.

Parce que l'on refuse de la regarder en face, la dépression est sous-évaluée. Et pourtant ! Elle touche 5 pour cent[1] des enfants, du nourrisson à l'adolescent et à chaque étape de la vie elle montre un visage différent. Pour la démasquer, il faut d'abord y penser ! Repérer ses symptômes et l'empêcher de nuire. Car, quand elle n'est pas détectée, elle est source de beaucoup de souffrance et d'injustices.

Une perturbation de l'humeur qui dure

La dépression s'inscrit dans le temps. Le changement observé dans l'humeur doit durer depuis plus de quinze jours. Sinon ce n'est pas la peine de s'inquiéter. Il s'agit d'autre chose, d'une simple tris-

1. 1 pour cent des enfants avant six ans, 3 pour cent à douze ans et entre 6 et 9 pour cent chez les ados. Autant de garçons que de filles avant treize ans avec une nette prédominance chez les filles après la puberté.

tesse. Un sentiment qui, lui, en revanche est nécessaire. Une expérience qu'il faut même souhaiter à chaque enfant, car elle lui permet de mettre en place des stratégies pour apprendre à la combattre. Il s'en servira toute sa vie. Or aujourd'hui, les enfants sont privés de tristesse. C'est un tort. Dès l'âge de cinq ans, au lieu de trouver des parades à l'ennui, ils le zappent et se contentent d'appuyer frénétiquement sur des touches. Ils se « consolent » en vidéo.

Autre signe particulier de la dépression, elle ne vous lâche pas comme ça. Quand elle vous tient, c'est au moins pour six mois. Le plus grave, c'est son penchant pour la récidive[1] : un enfant dépressif sur deux risque de rechuter dans les deux ans.

Elle ne frappe pas au hasard. Elle choisit sa cible de façon à lui laisser peu de chance de lui échapper. Elle vise les enfants fragiles, qu'un environnement insécurisant ne protège pas suffisamment : les parents déprimés eux-mêmes ou dans l'incapacité d'offrir un cadre de vie rassurant, pour raison de chômage ou problèmes de santé. Elle s'attaque d'emblée aux plus vulnérables, issus de familles déjà éprouvées, un oncle qui s'est suicidé, une grand-mère lasse de vivre. À ces facteurs de terrain et d'environnement, s'ajoute un élément déclencheur : le manque.

---

1. D'après une étude américaine, son taux de réapparition est de 50 pour cent dans les deux ans, de 70 pour cent dans les cinq ans.

Ce qui provoque la dépression, c'est le manque

Un thème qui n'a pas échappé au cinéma, notamment dans *Cria Cuervos* de Carlos Saura (1976), l'histoire d'une enfance déracinée et de l'éclatement d'une famille.

Ancrés dans des habitudes qui les sécurisent, les enfants sont réfractaires au changement. Alors quand ça ne va pas, il faut faire un effort de mémoire pour retrouver quel événement a pu les toucher. Et ce n'est pas toujours évident. Son animal préféré s'est fait écraser, il a pleuré, mais n'en a plus reparlé. Nous, nous avons oublié mais pas lui. Suite à un déménagement, il a perdu son meilleur copain. Imaginons ce qui peut se passer dans la tête d'un tout petit ! Il ne le voit plus, il le croit mort peut-être ? Une perte, un deuil blessent parfois les enfants plus profondément qu'on ne le croit : « Il y a bien son arrière-grand-mère qui est morte l'année dernière, mais il ne la connaissait même pas ! » Oui, mais c'était aussi son premier contact avec la mort ! Il ne faut jamais sous-estimer l'impact d'un décès chez un enfant. Surtout s'il n'en parle pas. La notion de perte est douloureuse pour un enfant. Elle est parfois subtile et virtuelle comme la perte d'une illusion, celle que ses parents s'aimaient...

Retrouver l'événement déclencheur

C'est l'enjeu majeur du diagnostic de la dépression car elle devient alors compréhensible et peut-être réparable. Mais attention, toute perte n'entraîne pas systématiquement une dépression : deuil et dépression ne doivent pas être confondus. La réaction de tristesse après un deuil est normale. Elle doit être respectée et certainement pas traitée médicalement. Elle permet en effet à l'enfant de conserver au fond de lui le souvenir de la personne ou de la chose perdue. Ce lent processus d'acceptation se fait au prix d'un renoncement transitoire à ses centres d'intérêt habituels (école, sport...). Et c'est ce qui lui permet de récupérer l'énergie nécessaire pour ne pas oublier. Puis, après un laps de temps variable, où il « porte le deuil », l'enfant peut s'autoriser à « réinvestir » copains, cours et loisirs, quand il est sûr d'avoir définitivement gardé en lui le souvenir. Et tout cela à son insu. En revanche, s'il ne peut sortir de ce deuil, la dépression s'installe et mérite qu'on intervienne.

Mal élevé ? Non, déprimé !

La dépression ne se voit pas toujours. Elle existe chez le nourrisson[1] qui possède peu de moyens pour l'exprimer. Il ne dispose que de son corps. Alors il dort mal, ne se nourrit plus, ne grandit pas, arrête de

1. La première description de la dépression du nourrisson a été réalisée en 1946 par René Arpad Spitz, psychiatre et psychanalyste hongrois (1887-1974), inventeur du concept d'« hospitalisme » qui rend compte des réactions particulières du bébé séparé de sa mère : *De la naissance à la parole*, PUF, 1968.

babiller. Impressionnant à voir. Il peut rester immobile dans son lit, les yeux rivés au plafond, sans bouger ni rien manifester à l'approche de quiconque.

Le pédiatre américain Toss Berry Brazelton est à l'origine d'une expérience appelée le « *steel face*[1] », qui prouve qu'un bébé ne supporte pas d'être confronté à un visage adulte « figé ». Il le manifeste bruyamment par de la colère, puis par une grande détresse qui peut évoluer vers une véritable dépression si l'expérience se prolonge. Or la dépression de l'adulte s'accompagne d'une « hypomimie » ou absence d'émotion affichée. On imagine aisément le mal-être que le visage inexpressif de l'un de ses parents peut engendrer chez un tout petit.

En maternelle, le premier clignotant de la dépression est l'enfant qui ne tient pas en place. Il est agressif, impulsif, instable, bref il est sûrement mal élevé ! Non, il est peut-être déprimé. Même question à se poser à l'égard des petits qui mordent. C'est peut-être leur façon à eux de signifier qu'ils ne vont pas bien. Alors si on les mord « afin qu'ils comprennent » comme certains professionnels le conseillent, on aggrave leur malaise. Et ils s'enferment encore davantage dans leur chagrin.

---

1. Dans *Le Bébé est une personne,* T.B. Brazelton demande à une mère de se mettre à 20 centimètres du visage son bébé de trois mois et de communiquer avec lui. Le bébé répond par des gazouillements et manifeste son contentement. Elle doit sortir de la pièce et revenir un moment après. Cette fois-ci sans rien exprimer, garder le « visage figé ». Le bébé la sollicite, gazouille encore 20 secondes et se met à hurler de détresse.

« Tantôt il est collé à moi, tantôt il veut me taper. » Lorsque la maîtresse fait ce genre de remarque, il est urgent de s'inquiéter. Cette alternance quête affective/rejet est un signe caractéristique de la dépression du tout petit. De même s'il est triste, s'isole pour pleurer et n'a plus envie d'aller à l'école.

Un glissement progressif de l'humeur vers la sinistrose

Il a du mal à s'endormir, se réveille plusieurs fois dans la nuit ou très tôt le matin, il mange moins ou au contraire devient boulimique. Et signe caractéristique, il va se plaindre de maux en tous genres, mal au ventre puis à la tête, toujours un problème quelque part. Il est important de se méfier des plaintes somatiques multiples...

Lorsque l'enfant grandit, les symptômes commencent à ressembler à ceux des adultes. Comme eux, le grand enfant des classes primaires manifeste un sentiment d'auto-dépréciation. Son image de lui-même se dégrade progressivement et il n'est pas loin du « la vie ne vaut pas la peine d'être vécue ». Dès que le moindre projet se profile à l'horizon, il l'éloigne à grands renforts de : « Je ne sais pas, je ne peux pas, je n'y arriverai pas, c'est trop dur... » Tout est dit, l'enfant exprime à la fois qu'il se dévalorise et qu'il souffre moralement.

Et à force de prendre du recul, il tombe dans l'excès. Touche à la transgression et peu importe où elle peut le conduire. Il pique des colères, devient violent. Normal, il en veut à la terre entière. Et pour supporter ce naufrage, il puise sans compter dans les mensonges et la mythomanie. C'est le petit Arnaud du début de ce chapitre qui s'invente une autre réalité car sa vie ne lui convient pas. Et bien sûr, au coin de la rue, l'échec scolaire lui pend au nez.

Les enfants déprimés sont souvent fatigués, trop de soucis en tête, ils dorment peu la nuit. Quand arrive l'heure de l'école, autant dire qu'ils n'y vont pas de gaieté de cœur. Leur humeur est si sombre… Et puis tant pis si ça ne marche pas, « de toute façon je suis nul ! ».

Puis les problèmes s'amoncellent…

Une sorte de spirale infernale : l'échec scolaire est engendré par la dépression, qui peut de plus aggraver d'autres problèmes sous-jacents. Une dyslexie, par exemple, rééduquée en CP et CE1, peut réapparaître en CM1 sous l'effet d'une dépression qui se déclare. C'est son effet pervers : la dépression revient sur le passé, elle détecte les anciennes cicatrices et leur donne une seconde vie.

… surtout à l'adolescence

Il s'ennuie, il vous envoie balader pour un oui pour un non… on connaît la musique, les ados sont tous comme ça. À la maison il se traîne, passe son temps vautré sur le canapé, « aucun intérêt » est sa phrase préférée, « ça me saoule » son leitmotiv. En revanche, en dehors de la maison, il est adorable ! Mais quand il est déprimé, il est tout le temps comme ça ! Désœuvré et odieux avec tout le monde et pas seulement avec les parents. Un signe fort, qui ne trompe pas.

« Ça me prend la tête », dit l'adolescent dépressif. Il somatise à mort, cumule les maux les plus divers. Il ne dort pas, se nourrir est tout un poème. Dans les cas les plus graves il est boulimique, voire anorexique. Plus rare, il peut lui arriver d'être inhibé, replié sur lui-même. Le plus souvent il est agressif, impulsif. Alors qu'il ne l'était pas avant. Et surtout, il se désintéresse des loisirs. Il arrête la musique, le sport... Il faut se méfier de ces renoncements qui n'ont rien à voir avec des caprices.

Déprimée, il arrive que la jeune fille tombe dans la phobie sociale. Elle se dévalorise au point de ne pouvoir supporter le regard des autres. Elle baisse les yeux, évite de prendre la parole, c'est tout juste si elle ose entrer dans un magasin. Parfois aussi chez l'ado la dépression se manifeste par des TOC, ultime recours pour tenter de reprendre le contrôle de sa vie psychique.

Cramponné au point mort, faire des projets est au-delà de ses forces. Son attitude de dénigrement vise tout ce qui l'entoure. À commencer par lui-même. Il tourne en rond. Se construit son propre piège dans lequel il broie du noir.

— Qu'est-ce que tu voudrais faire plus tard ?

— L'avenir, ça m'intéresse pas...
— Tu suis un peu ce qui se passe dans le monde ?
— C'est nul ! Y'a que du malheur.
— Et comment tu te sens ?
— J'suis nul !

Dans tous les cas, pour l'ado déprimé : « Tout est nul : lui, l'avenir, le monde[1]. »

Le rôle des parents

Pour soigner la dépression, il faut d'abord y penser, se dire que cela peut arriver. Être attentif aux symptômes, sans toutefois tomber dans l'excès ! Rappelons que la dépression est un changement d'humeur qui s'installe dans le temps. Les parents ont un rôle important à jouer. Ils doivent gérer au mieux leurs propres problèmes. On ne le dit jamais assez, leurs actes et leur humeur rejaillissent toujours sur leur enfant. Pour réussir une éducation, plus que les mots, l'important c'est l'exemple. N'oublions pas que le but est de protéger, soutenir et accompagner vers l'autonomie. En gardant le moral !

Ensuite, l'enfant, petit ou grand, doit parler de sa dépression. Il lui faut exprimer son angoisse, tenter d'en trouver les raisons et l'aider à reprendre confiance en lui. C'est le rôle d'une psychothérapie. Celle-ci doit être mise en place le plus rapidement

1. Selon Aaron T. Beck, psychiatre américain, l'un des fondateurs de la thérapie cognitive.

possible et sur un mode particulier. Idéalement, elle doit s'appuyer sur deux pôles, on dit qu'elle est « bifocale ».

D'un côté l'enfant-ado prend possession d'un espace à lui. Il a un lieu et un interlocuteur qui lui sont propres. C'est son domaine. De leur côté les parents, qui ont besoin de conseils, d'informations ou tout simplement de s'épancher, se déterminent un autre cadre où ils peuvent venir débattre en famille. Il est très important de respecter cette répartition pour éviter toute frustration.

En parallèle, un traitement médicamenteux peut être prescrit dans les formes sévères. Il est d'une durée plus ou moins longue[1] et doit être vécu comme un catalyseur qui permet à l'enfant de sortir de son isolement.

Le pire a peut-être été évité

Car une fois la dépression prise en compte, c'est la moitié du chemin qui a été parcourue. Une étape majeure a été franchie, son avantage est de pouvoir décontaminer la relation familiale. Les parents ont une explication, l'enfant petit ou grand se sent compris. À la maison les erreurs sont évitées, comme les punitions qui tombent à côté de la plaque et qui auto-entretiennent le désespoir dont se nourrit le déprimé. Car la dépression est sournoise, elle puise

1. Voir chapitre page 233.

en elle-même de quoi s'alimenter en permanence. Elle doit donc être repérée à temps, sinon elle s'aggrave.

Dans le contexte des difficultés scolaires, il est important de ne pas se bloquer sur un fléchissement ou un refus de travailler. « Fainéantise ! » dira l'entourage, alors que le problème peut être ailleurs. Sanctions et rétorsions ne font qu'accroître le trouble originel et provoquent l'inverse de l'effet souhaité : enfoncer davantage l'enfant déprimé. Lui qui pourtant a envoyé des signaux qu'il fallait interpréter. Lui qui s'est épuisé en vain à exprimer son mal-être et que son échec scolaire finit par désespérer.

« Les grandes personnes ne comprennent jamais rien toutes seules et c'est fatigant pour les enfants de toujours et toujours leur donner des explications. »

Le Petit Prince, Antoine de Saint-Exupéry

Eliott : « Votre enfant on ne sait pas où le mettre ! »

« Il refuse de compter jusqu'à 10 et pourtant il a la manie des chiffres. En ce moment, il est incollable sur le calendrier, il sait à quel jour de la semaine correspond n'importe quelle date... vérifiez par vous-même. »

Le père d'Eliott m'invite à interroger son fils, six ans et demi, scolarisé en CP. Il me l'a amené car la maîtresse, elle aussi, le trouve parfois « bizarre », au point de s'inquiéter : « Eliott me donne souvent l'impression de ne pas être avec nous. »

On est en septembre 2003. Un peu surpris, je m'adresse donc à Eliott et lui demande :

— Quatorze juillet ?

— Lundi, me répond-il du tac au tac.

Je regarde dans mon agenda, exact.

— Allez-y, me dit son père. Vous pouvez remonter beaucoup plus loin !

Je tente au hasard :

— Onze janvier ?

— Samedi.

— Demandez-lui aussi pour plus tard.
— Quatorze décembre ?
— Dimanche.
— Vous pouvez aussi changer d'année.
— Treize mars 2005 ?
— Dimanche.

Eliott répond à toute vitesse, sans aucune hésitation et ses réponses sont toujours exactes. Jamais vu ça !

Ce petit génie est vif, il me sourit, tout content de m'avoir épaté. Je remarque simplement sa tendance à pianoter avec ses doigts sur mon bureau. Une façon insistante et involontaire.

Il a toujours été comme ça

Aujourd'hui ce sont les dates, mais à trois ans c'étaient les prénoms. En première année de maternelle, dès les premiers jours de la rentrée, il répondait présent ou absent à l'appel de chacun des trente-trois élèves de la classe. Sans se tromper. Alors qu'il ne les avait presque jamais vus. Il maîtrisait aussi l'alphabet par cœur. Déjà !

Mais ses prouesses pouvaient être nettement moins drôles. À l'âge de deux ans, il est obsédé par les portes de garage. Son père s'en souvient, il en a beaucoup souffert. Il devait faire le tour du quartier, arrêter la voiture devant chaque maison et attendre. Attendre qu'une porte de garage s'ouvre pour qu'enfin le visage de son fils s'illumine. Totalement satisfait. Et si d'aventure la porte ne s'ouvrait pas et qu'il fallait se décider à partir, il piquait une colère monstre. Sa mère qui me voit perplexe se sent obligée de se justifier : « Il faut nous comprendre. On se prêtait au jeu car au moins dans ces moments-là, on partageait quelque chose avec lui ! » Car rien n'intéresse Eliott, à part ses manies.

Quelque chose ne tourne pas rond

Les parents en bavent. Il leur faut en passer par là pour déclencher le sourire de leur enfant, avec l'espoir de le voir revenir sur terre, l'espace d'un instant. Car le reste du temps il semble vivre sur la planète Mars. En fait, tout l'entourage est un peu paumé. L'école n'y comprend plus rien. Eliott est capable du pire comme du meilleur, « imprévisible et déroutant » d'après sa maîtresse, « il peut être bon élève et se fâcher d'un seul coup jusqu'à devenir mutique ».

Finalement son pédiatre souhaite un avis. Il m'adresse une lettre dans laquelle il s'interroge sur l'évolution psychique d'Eliott et sur les mesures à prendre quant à sa scolarité : « D'un point de vue scolaire, on ne sait pas bien où le mettre », écrit-il.

En effet le parcours d'Eliott est chaotique. L'année dernière tout en étant en grande section de maternelle, il a suivi également un CP en alternance. De fait, déterminer son niveau est quasi impossible. D'ailleurs son QI révèle des points faibles significatifs de ses difficultés : les épreuves d'orientation dans le temps, de compréhension des règles de vie et surtout d'adaptation sociale sont nettement moins réussies que celles évaluant l'arithmétique et la mémoire.

Plus petit, il était gêné par un manque de coordination, il tombait fréquemment et tenait mal son crayon. Repérées à temps, ces petites gaucheries ont été corrigées grâce à trois années de rééducation psychomotrice et à une fréquentation assidue de la piscine. Particulièrement bénéfique. Au point que le jour béni où sa psychomotricienne déclare qu'à partir de maintenant il n'a plus besoin d'elle, elle ajoute :

« Votre enfant revient de loin ! »

Les maladresses se sont donc arrangées. Mais les parents continuent de s'inquiéter : question comportement ça ne va pas fort. Ils assistent impuissants aux « bizarreries » de leur fils, qu'ils n'ont pas fini de me raconter, il y en a tellement !

Par moments il a des tics de langage, il répète obstinément les fins de phrase, sans avoir l'air de le faire exprès. Comme le fait un enfant « écholalique » qui, à la question « comment tu t'appelles ? », fait entendre en écho : « tu t'appelles ».

Curieux en effet ce petit Eliott... J'ai besoin d'en savoir plus, et depuis le début. Sa mère se rappelle sa grossesse très stressante, un accouchement long et pénible, les huit jours d'Eliott en réanimation. Bref, un mauvais souvenir. La page se tourne, Eliott marche à quatorze mois, parle tôt, à dix-huit mois.

Puis, arrive une petite sœur. Et là, brutalement, alors qu'il commence à parler, il régresse. Pique des colères, fait le bébé, reprend le biberon. Il entre en maternelle et à ce moment-là sa maman remarque que : « Quelque chose ne va pas, il n'accroche plus mon regard. » C'est l'époque de son obsession pour les portes de garage.

Son père prend le relais. Il a apporté le compte rendu de la maîtresse en petite section : « Eliott arrive dans la classe, se jette par terre sans prêter attention aux autres et se met dans un coin pour ne plus en bouger. Au goûter il lui faut toujours la même place, le même verre bleu, sinon il s'énerve. Dans la cour il a son tricycle et hurle si un autre tente d'y toucher. » C'est aussi cette année-là qu'il connaît tous les prénoms de ses petits camarades par cœur, sans pourtant s'intéresser à eux. Les deux années suivantes, son attitude s'améliore, il commence à rechercher le contact. Il a même une petite copine de maternelle : « Les autres enfants viennent vers lui, ils aiment bien jouer les protecteurs à son égard. »

Un comportement variable

Je le reçois seul. Six ans. Le look des petits garçons de son âge. Brun, des yeux noirs, brillants, pleins de malice et de questions. Et puis brutalement ce regard si dense qui me quitte, se perd on ne sait où et m'oblige à le rechercher. Il me parle des Pokémon qu'il aime bien. Me dit qu'il n'a pas de problèmes. Il en avait « avant ». Je note qu'il y fait référence tout le temps : « Ça c'était avant... je disais ça avant... », comme s'il se souvenait d'une période un peu floue. Et quand il l'évoque, son sourire s'évanouit. À l'évidence il garde une perception douloureuse de ce passé, pas si lointain, où tout l'angoissait. Sur le plan moteur, heureusement les choses ont bien changé. Je le fais courir dans le couloir, rien à signaler. Il reconnaît sa droite, sa gauche. Son niveau de compréhension est bon, excepté lorsqu'il s'échappe dans sa tête.

Je conclus : « Un enfant au comportement variable, à surveiller. À besoin d'orthophonie et d'un suivi psychologique. Doit être maintenu en CP. En bonne voie. » Je prépare une lettre pour le médecin traitant dans ce sens.

Un an plus tard

Il est en CE1 depuis deux mois lorsque je le revois. Toutes les prises en charge ont été interrompues (orthophonie, suivi psychologique). Il a bien évolué dans ses apprentissages mais l'école pointe du doigt son comportement : « Ses résultats sont corrects, il comprend bien les consignes orales et verbales mais c'est un enfant bagarreur, agité et provocateur. Ses réactions violentes ou incongrues posent des problèmes dans la classe. »

— Il n'est pas bien, il nous inquiète, me disent ses parents. Il nous dit qu'il y a deux personnes en lui.

— C'est vrai Eliott ? dis-je en m'adressant à lui.

— C'est comme s'il y avait deux cerveaux dans ma tête, un gentil et un méchant, m'explique-t-il.

Je n'aime pas trop ça. Le genre de pensée qui illustre une personnalité mal organisée, voire « éclatée ». Mais, je me tais.

Le père explique que tout s'est dégradé depuis la rentrée. Peut-être une pression trop forte ? « Il y a des moments où il suit parfaitement, d'autres où il se plante complètement. » De fait, ses résultats sont inégaux, il est très fort en calcul, c'est la seule constante. Je demande à Eliott s'il est toujours aussi calé pour retrouver les jours qui correspondent aux dates du calendrier ?

— Non, j'sais plus !

— Il est passé à autre chose ! s'exclame son père. Maintenant, sa nouvelle lubie ce sont les programmes télé ! Il les connaît tous par cœur.

En effet je vérifie, il a en tête tous les horaires de toutes les émissions de télé, toutes chaînes confondues. Sans avoir aucune idée de leur contenu, il récite les programmations comme s'il les lisait dans un magazine. Sauf, qu'elles sont imprimées dans sa tête.

Je discute avec lui. Toujours agréable, vif. Bonne lecture. Plus présent dans le contact. Mais il peut être brillant dans ses réponses ou muet. Il est moins stressé que la dernière fois, mais plein d'idées fixes qui le gênent. Son père explique qu'il s'impose des règles. Qu'il fait preuve de beaucoup de rigidité. S'interdit tout retard. Finalement je m'aperçois au cours de cet échange qu'Eliott paraît mieux mais sous condition. Il faut que tout soit comme il le souhaite, que ses affaires soient bien rangées, dans une position bien définie, sinon il s'effondre. Il a horreur de l'imprévu, dès qu'il y a un changement dans ses habitudes, c'est la panique.

La nécessité d'un bilan hospitalier

Une hospitalisation de cinq jours me paraît justifiée, et je la programme rapidement. En attendant, j'écris à son médecin : « Cette ritualisation de la pensée, ce besoin de restaurer constamment un environnement familier, ces moments de décrochement, laissent entendre que l'organisation de la personnalité n'est pas encore parfaite, malgré des compétences extrêmement satisfaisantes. »

Eliott entre à l'hôpital en janvier 2005, après un premier trimestre en dents de scie, qui laisse son enseignante désemparée. L'avis de l'équipe du 502 va dans le même sens, et le profil d'Eliott soulève même d'autres questions. Il se révèle en avance dans certains domaines, en particulier pour le calcul, et plutôt en retard sur le plan affectif. Avec des comportements de bébé, comme exploser à la moindre frustration, ou se réfugier sur les genoux des infirmières quand des enfants l'agressent. À l'inverse, plusieurs éducatrices rapportent qu'il se plie facilement aux activités qui lui sont proposées. Et qu'il affiche alors un sourire mystérieux et désarmant. Cette variabilité extrême laisse un sentiment d'étrangeté. À l'évidence, Eliott intrigue et fascine les adultes, tandis que les autres enfants l'évitent. Sans doute, pas assez conforme…

Le bilan somatique est parfait. Normal, Eliott respire la santé. Il a juste hurlé lorsqu'on lui a posé le casque pour l'électroencéphalogramme. Il avouera avoir eu peur que l'on devine ses pensées !

La psychologue confirme le diagnostic pressenti : dysharmonie*. Preuves en main. Côté compétences, un QI toujours très hétérogène. Avec les mêmes points forts en arithmétique, qui contrastent avec des échecs surprenants à certaines épreuves, en particulier celles qui évaluent l'adaptation sociale.

Un test de personnalité sans appel : les aventures qu'il fait vivre à Patte Noire (ce fameux petit cochon dont il doit commenter les aventures) sont riches et dignes d'un roman de science-fiction, mélange d'Harry Potter et de la Guerre des Étoiles… Eliott met en scène des situations surréalistes, qu'il vit intensément. En particulier lorsqu'il imagine la rencontre entre Patte Noire et Dark Vador. Avec parfois des réactions d'angoisse incompréhensibles : « Enlève-la cette image, je ne veux pas la voir ! »

Au fil de la semaine, il semble trouver ses repères, s'accroche à la réalité du service, commence à se faire des copains, et se rassure.

Une solide prise en charge

À l'issue de son séjour, je restitue les points forts du bilan à ses parents. Eliott présente une « dysharmonie d'évolution », avec de grandes compétences pas toujours exploitées du fait d'une anxiété envahissante. Il a besoin d'une aide adaptée, pluridisciplinaire. Il va bénéficier d'une psychothérapie individuelle (pour l'aider à finir de se structurer), d'une thérapie de groupe (pour apprendre à fonctionner avec les autres), de séances de psychomotricité (pour s'ancrer dans la réalité et apprendre à contrôler son agitation), et d'un traitement anxiolytique qui l'apaisera physiquement et psychiquement. Plus un soutien à l'école. Une réunion est prévue avec ses enseignants après la rentrée du CE2. Et, bien sûr, des conseils de guidance familiale. Facile, quand on peut compter sur des parents « supporters » !

Une solide prise en charge donc, seule condition pour qu'Eliott s'installe dans la vie et rattrape son retard de maturation psychique. Et utilise enfin ses compétences pour apprendre, l'esprit libéré de l'intrusion de son imagination débordante. J'aurai un œil sur lui, tant qu'il ne se sera pas débarrassé de sa tunique de petit garçon « inclassable ». L'objectif est de l'aider à tricoter, maille après maille, cette nouvelle tenue qui lui permettra d'être en harmonie avec les autres. Et avec lui-même.

Aux dernières nouvelles, il passe en CE2. Toujours atypique, juste un peu original, et bien sûr, premier en maths !

La dysharmonie : au-delà de la porte des étoiles

La photo montre un petit groupe de touristes souriants, assis au pied d'un énorme cèdre du Liban dont on ne voit que les racines. Adrien sept ans et demi la regarde et pousse des cris, il est terrorisé : « C'est une patte de dinosaure ! Ils sont assis au pied d'un dinosaure… et ils ne l'ont pas vu ! » Adrien est dysharmonique. Sous la banalité, il voit le pire. Pour lui tout est dramatique et compliqué. Et cet excès d'imagination va lui jouer un mauvais tour : l'écarter des autres et du chemin de la réalité.

Longtemps la « dysharmonie » a servi de fourre-tout un peu facile pour englober les « inclassables », tous les cas « limites » et compliqués pour lesquels il était difficile de porter un diagnostic. Peu à peu, elle a été reconnue comme une pathologie spécifique que les psychiatres français ont été les premiers à prendre en compte dans la Classification française des troubles mentaux de l'enfant et de l'adolescent

(CFTMEA)[1]. On parle alors d'enfants « dysharmoniques » ou encore « d'état limite », quand leur développement multiplie les discordances, et que leurs compétences enregistrent des écarts d'un jour à l'autre. Des enfants « décalés », capables d'alterner fulgurances intellectuelles et caprices de bébé. Sans mobile apparent.

Les médecins américains ont longtemps ignoré la dysharmonie. Jusqu'en 1994, où le docteur D.J. Cohen se penche sur ce concept et le réactualise. Il en structure la définition pour l'appeler Multiplex Developmental Desorder (MDD), autrement dit « désordre multiple et complexe du développement ». Une reconnaissance tardive mais bénéfique pour avancer dans la connaissance de ce trouble aux manifestations étranges et complexes. Il faut être prudent, si l'accès à cet univers méconnu a été ouvert, d'autres étapes restent à franchir, la dysharmonie est encore au stade de l'exploration.

Néanmoins, en dix ans, un net progrès a été réalisé. On connaît mieux les symptômes, la confusion avec d'autres troubles mentaux peut être évitée et une prise en charge ciblée est possible. Car entre un enfant déprimé, hyperactif ou « dysharmonique », la frontière n'est pas toujours franche. Mais grâce à une observation fine et approfondie, il est possible aujourd'hui de reconstituer le puzzle de ces enfants « en désordre ». Et même d'en guérir certains. Dans plus d'un tiers des cas, d'après l'expérience acquise.

1. Roger Mises 1972.

On peut dire alors qu'ils reviennent de loin ! D'un monde particulier auquel il faut essayer de les arracher. Et quand le doute s'installe, voici les deux réflexions clés qui peuvent mettre sur la voie :

« Un jour il est tout sucre et tout miel, le lendemain il est violent et agressif... »

« Avec la même personne il peut être adorable un jour et insupportable le lendemain... »

Souffler le chaud et le froid, c'est le propre de tous les enfants. Chez un dysharmonique, cet état est permanent, il dure, et oblige toute la famille à organiser sa vie autour de ces incohérences.

« Il est bizarre ! »

C'est l'étiquette de ce bambin insaisissable. À la fois dans son comportement et dans son contact avec les autres. Il n'est pas vraiment dans sa bulle, en fait, il ne s'intéresse pas à vous. Il a mieux à faire semble-t-il. Plongé dans un coffre à jouets, il s'acharne sur de petites figurines en plastique à grand renfort de : « Je vais te couper la tête, je vais t'arracher les yeux... » Puis tout à coup, il va vous regarder et vous sortir : « Vite, vite, Simba est en danger dans les gorges... » Sourire ému de la maman : « Voyez à trois ans, il connaît le *Roi lion* par cœur ! » Toujours se méfier de ce brio intellectuel... d'autant que le petit « surdoué » se replonge illico dans ses jouets et que le monde autour de lui peut à nouveau s'effondrer.

Quand on creuse un peu, c'est l'importance de sa vie fantasmatique qui frappe. Non seulement il a une passion pour les dinosaures mais il vit avec ! Peu importent les milliards d'années, il les franchit d'un coup de baguette magique. Pour lui tout est possible, ses monstres sacrés font partie de son quotidien. Facile ! Alors bien sûr son vocabulaire s'en ressent, il est nourri de violence. Son corps et ses gestes enregistrent le mouvement perpétuel du combat contre l'ennemi. Un jeu vidéo grandeur nature, un tête à tête avec lui-même.

Difficile de dire s'il a toujours été comme ça. Ses ruptures avec la réalité ne sont souvent visibles que vers l'âge de deux ans. Jusque-là il évolue à peu près normalement. Marche tôt, acquiert le langage plus vite que les autres. Et soudain son chemin bifurque vers le « désordre ». Son comportement change, il devient colérique, perd souvent le contact avec l'extérieur. Et puis surtout, c'est l'époque où ses fameuses lubies commencent. Des obsessions inexplicables, comme celle de Jason, cinq ans, qui doit vérifier que toutes les ampoules fonctionnent dès son entrée dans une pièce. Il fait alors le tour des interrupteurs avant même de dire bonjour. Et ce rituel est immuable quel que soit l'endroit.

Souvent se rajoute une passion immodérée pour les chiffres ou pour les lettres. Du coup, à deux ans il connaît l'alphabet par cœur bien avant de savoir lire. Une prouesse à laquelle les parents essayent de se raccrocher. Ils ont alors le sentiment que leur enfant est ancré dans la réalité et qu'en plus il est doué. Malheureusement il s'agit dans le cas des dysharmoniques d'un « faux-exploit ». Un excès de plus dans la chaîne de leurs décalages. Alors face à un enfant capable du pire comme du meilleur, il y a de quoi être déstabilisé. Et formuler des hypothèses radicalement différentes d'un jour à l'autre : « Est-ce qu'il est déprimé, anxieux... ou peut-être hyperactif ? » Soumis à un régime de douche écossaise, l'entourage a du mal à suivre.

Un enfant déroutant

Il faut dire que son comportement a tout pour surprendre. À deux ou trois ans, il n'est pas loin d'être étiqueté « précoce », mais ce qui permet d'en douter, c'est l'infidélité de ses compétences. En effet, elles échappent à toute logique, elles sont capricieuses, volages, apparaissent et disparaissent d'un jour à l'autre. Très bon, très mauvais, toujours dans l'excès.

À sept ans et demi il peut avoir, comme Ulysse, un excellent niveau de compréhension :

— Quel est le point commun entre une baleine et une souris ?

— Ce sont tous les deux des mammifères !

Mais en revanche être incapable de faire un simple calcul mental :

— J'ai deux livres dans la main gauche et trois dans la main droite, combien en ai-je en tout ?

— ... ?

Cette « dysynchronie » est typique de l'enfant dysharmonique.

À l'école la maîtresse a du mal à se faire une opinion. Un jour il est prometteur à l'écrit, le lendemain, c'est au contraire son point le plus faible. Pour l'encourager, elle lui dit : « Pourtant quand tu veux, tu peux ! » Mais pour Ulysse c'est de l'hébreu. Car il ne maîtrise pas. Il est disponible, ou il ne l'est pas du tout, en fonction de ce qu'il a en tête. C'est en effet son espace psychique qui lui dicte si c'est le moment ou non. Et cette alternance présence/absence produit cette impression d'étrangeté. Pendant que lui ne se rend compte de rien. Il a une vie intérieure si riche…

Comment détecter la dysharmonie

« Quelque chose ne va pas », il faut gratter ce vernis, aller voir derrière la façade, approfondir et s'apercevoir que le socle affectif est lui aussi chahuté par un certain désordre.

L'écoute des parents est alors édifiante : « Il pique des colères sans raison, il passe du rire aux larmes, il est collé à nous puis nous rejette brutalement, il ne supporte pas de perdre un jouet, il a peur de tout… » De tels comportements signent toujours une grande insécurité. Or, chez l'enfant « dysharmonique », l'expression des émotions est chaotique et rend leur interprétation délicate. Mais il existe cependant un symptôme quasiment constant, c'est l'anxiété sous toutes ses formes, dont certaines qui ne trompent pas : des peurs irrationnelles d'objets ou de situations qui n'ont aucun caractère dangereux.

Horace a six ans et tandis que le jet d'eau coule bruyamment, il se cramponne au bord de la baignoire, il hurle de détresse, paniqué à l'idée de passer sous la douche, alors qu'il est comme un poisson dans l'eau à la piscine ! Vous êtes à mille lieues de penser que ce qu'il craint c'est d'être emporté par l'eau qui tourbillonne et de disparaître dans le tuyau d'évacuation... Or il a une vie imaginaire très intense. Il se raconte des histoires en permanence et souvent ce ne sont pas des contes à l'eau de rose.

C'est le problème majeur de l'enfant dysharmonique : s'inventer un monde virtuel. Tous les enfants aiment le faire, mais chez lui ce penchant est caricatural et surtout s'installe dans la durée. Parfois jusqu'à l'adolescence. Pour lui la frontière entre le réel et l'imaginaire est perméable et souple. Il passe de l'un à l'autre sans s'en apercevoir, et ce manque de discernement devient dangereux. Il fausse complètement son rapport aux autres et détériore sa vie sociale.

Car cette vie parallèle finit par l'accaparer. Si son livre culte se déroule dans l'univers de la sorcellerie, il endosse les habits de son héros et vit les mêmes aventures dans son quotidien. Il se passionne aussi pour les séries télévisées où les personnages évoluent dans d'autres galaxies et lorsqu'ils franchissent « la porte des étoiles », il passe cette frontière avec eux. Difficile alors de le faire redescendre sur terre. Il est bien loin de tout ça ! Ce manque de distinction entre réalité et fiction va le pénaliser et l'empêcher de communiquer avec l'extérieur.

Des barrières contre la peur

Cette vie imaginaire finit par s'imposer à lui de façon excessive. Elle peut même le gêner, lui faire peur. Et pour échapper à ses personnages démoniaques, il peut s'inventer des rituels (tourner sur lui-même, pianoter sur la table...) qui vont lui permettre à nouveau un contact avec le réel. Des manies ou des gestes stéréotypés qui servent à canaliser ses pensées exponentielles. Une sorte de rempart contre la peur panique qui l'envahit.

Alors, pour « gérer » son stress, il dispose de toute une panoplie de moyens que tous les enfants connaissent bien : il casse ses jouets, les couvre d'insultes, donne des coups de pieds... Mais chez lui ce recours est systématique. Lorsque la coupe est pleine, elle déborde et déverse un flot d'agressivité. À la maison, on ne le comprend plus. Lui qui a appris à lire tout seul, qui connaît des dialogues de films par cœur... et pourtant si impulsif, si violent ! En fait, ce bambin est dépassé par un monde imaginaire qu'il ne contrôle pas.

Une curieuse façon de parler

Malheureusement, il ne peut compter sur ses copains pour partager ses sombres pensées, il n'en a pas. L'enfant « dysharmonique » est seul, il n'attire pas les autres qui ne se reconnaissent pas en lui. Autre caractéristique qui complique sa vie sociale, il ne se rend absolument pas compte des attentes d'autrui, il poursuit sa propre idée, il ne possède pas les clés de la socialisation, ce qui le rend maladroit et le prive de relations parfois même en famille. « Avec sa grand-mère ça n'accroche pas du tout, il ne lui parle que de sexualité ou de ce qu'il peut en savoir à huit ans, sans aucune conscience que cela peut la choquer ou ne pas l'intéresser. »

Cet enfant ne comprend pas les règles sociales car il construit les siennes à sa façon. Il en puise l'inspiration dans son monde en vidéos.

Le langage de l'enfant « dysharmonique » est très particulier. Ni en retard, ni en avance, différent. Parfois, ses mots n'ont pas de valeur de communication. Il les manipule comme des choses, sans leur accorder de sens, sans rechercher le dialogue. D'ailleurs il peut faire dans une même phrase les questions et les réponses : « Tu as l'air agacé ? C'est parce que tu es fatigué ?... » Cet aspect peut être accentué par un phrasé un peu mécanique, une voix sans intonation, monocorde, privée de relief. On parle alors de « dysprosodie ». Un langage d'autant plus surprenant que son contenu est volontiers explosif : « ... tu es fatigué parce que tu vas bientôt mourir ? »

Il dit un peu ce qui lui passe par la tête, sans censure aucune, sans non plus s'adapter à son interlocuteur ni à la situation. Ses dessins, ses jeux se démarquent par la crudité des sentiments exprimés : violence, sexualité...

En classe, cette curieuse façon de s'exprimer est forcément désarmante. Et la maîtresse, à laquelle il accorde volontiers le même statut qu'aux élèves, a du mal à suivre les méandres de sa pensée. Quand il utilise le « je » et le « tu » à tort et à travers. Ou quand, dans la même journée, il rejoue un remake de Docteur Jekyl and Mister Hide, version Bibliothèque Rose.

Dépister le plus tôt possible

Ces symptômes très particuliers se maintiennent dans le temps, ils créent une synergie entre eux au point de parler de « dysharmonie d'évolution ». Cet écart que l'on constate à un moment donné entre différents domaines du développement (intelligence, motricité, maturité affective) risque même de s'amplifier au fur et à mesure que l'enfant grandit et de le pénaliser gravement. De lui attribuer une personnalité hors norme, difficile à vivre. À quatorze ans, il sera capable d'être premier en dissertation et d'avoir en parallèle des conduites complètement à côté de la plaque. De faire l'âne en cours comme un môme de six ans. L'enjeu est donc de réaliser un dépistage le plus tôt possible pour permettre la mise en place d'une stratégie thérapeutique.

D'où vient la dysharmonie ? Psychique ou neurologique ? On ne sait pas encore très bien. À l'instar de la dépression ou de l'hyperactivité, certainement un peu des deux à la fois. Comme souvent, les troubles du comportement sont la résultante de la rencontre d'un terrain neurologique « fragile » et d'un environnement « défavorable » : un enfant vulnérable sur le plan biologique qui ne trouve pas dans son environnement l'aide nécessaire pour compenser ses peurs.

On a aujourd'hui le recul nécessaire pour dire que plus d'un tiers des enfants dysharmoniques repérés à temps peuvent en guérir. Au prix d'une prise en charge précoce et pluridisciplinaire, et du choix d'une orientation professionnelle capable d'être structurante (métier le plus ritualisé possible). En revanche, un tiers d'entre eux évolue vers les troubles des conduites sociales, du fait de leur inadaptation à la norme. Enfin, le tiers restant peut choisir inconsciemment de se réfugier dans la psychose. C'est en effet le risque potentiel de la dysharmonie : qu'elle s'aggrave et piège définitivement sa proie dans un ailleurs. Déconnecté de toute réalité.

Thérapies multiples

Repéré à temps l'enfant « dysharmonique » va pouvoir bénéficier de multiples interventions thérapeutiques. Dont le but commun est de l'aider à préférer la réalité, de l'inciter « à rester avec nous », en lui proposant un quotidien rassurant, confortable et motivant. Ce qui passe en premier lieu par des conseils éducatifs.

Limiter les sources d'évasion dans l'imaginaire. Car, plus qu'un autre, il doit être protégé des excès des écrans, en particulier les plus violents.

Plutôt favoriser ses liens sociaux : organiser des goûters d'anniversaire et l'inscrire dans un sport d'équipe, même s'il n'en a pas envie.

Respecter ses moments d'échappement sous peine de voir l'angoisse ressurgir de plus belle. Mais, lui proposer doucement une activité motivante (jeux de société, vidéo à deux, lecture...), lorsqu'il plane trop haut ou trop longtemps.

Sur le plan intellectuel, ne pas entretenir ni exacerber ses compétences particulières (lecture à deux ans, manipulation des chiffres) par une trop grande fascination.

Juste constater et commenter. Et s'intéresser plutôt aux difficultés (écriture, logique, organisation dans le temps...), qui pourront être rééduquées (graphothérapie, orthophonie ciblée sur la logique et les maths, psychomotricité...).

Et surtout, lui apporter un solide soutien psychologique individuel et familial. Idéalement plusieurs fois par semaine, avec une équipe pluridisciplinaire (hôpital de jour, centre médico-psychologique...), qui, par sa cohérence, pourra organiser la vie psychique du jeune « dysharmonique ». Et finir de tracer les limites encore floues entre la réalité et son imaginaire.

Enfin, on discutera de l'intérêt d'un traitement médicamenteux susceptible d'apaiser l'anxiété. Une nouvelle molécule a fait la preuve de son efficacité sur l'impulsivité qu'elle réduit considérablement, ce qui favorise l'intégration sociale. Elle agit aussi sur la pensée qu'elle débarrasse de ses fantômes, libérant ainsi l'espace psychique nécessaire aux apprentissages.

L'enjeu du diagnostic est donc énorme. La reconnaissance précoce de ces enfants pas comme les autres justifie largement le rôle de l'école comme lieu privilégié de dépistage. Puis comme indicateur de guérison, lorsqu'elle estime que l'enfant dysharmonique « revient de loin », quand il a pu de lui-même fermer la porte des étoiles.

Tom : « Juré, craché, demain je vais à l'école... ! »

« Je vous jure que je ne recommencerai plus ! » Tom pleure toutes les larmes de son corps. Il promet, il jure... il ne sait plus que faire pour nous convaincre : « Je vous le promets, lundi je vais à l'école ! » Difficile de ne pas craquer devant le chagrin de ce gosse de onze ans. D'autant qu'il est sincère. Il est persuadé que si on le laisse sortir de l'hôpital, il retournera à l'école. Pourtant nous savons bien que non. Il est encore trop tôt. Tom n'est pas guéri. Contrairement à ce qu'il croit.

En chaussettes et pyjama

Tom est dans notre service depuis une quinzaine de jours. Et il fait peine à voir, en chaussettes et en pyjama toute la journée pour éviter qu'il ne s'échappe. Un régime strict que personne ici ne se réjouit de lui imposer. Mais dans son cas, c'est ce qu'il faut tenter. L'idée est de l'entraîner à la séparation. Lui réapprendre à vivre loin de la maison et lui montrer que tout va bien se passer malgré son absence. Une démonstration qui lui est nécessaire car quelque chose le retient chez lui, comme un aimant. Il n'a besoin de rien d'autre. Pas de traitement. Simplement d'ouvrir les yeux. Il nous faut trouver la raison obscure de son refus obstiné d'aller en classe.

Pourquoi se sent-il responsable ? De quoi ? De qui ? Quelle est cette mission qu'il s'est mis en devoir d'accomplir et que l'école l'empêche de mener à bien. En le gardant avec nous, nous essayons de l'aider à prendre conscience qu'il peut vivre normalement, loin de chez lui et que la terre ne s'arrêtera pas de tourner. Pari difficile, jamais gagné d'avance.

Sans mobile apparent

À la maternelle déjà Tom ne se montrait pas très enthousiaste. C'est le moins qu'on puisse dire. Il s'en souvient d'ailleurs : « Chaque matin je pleurais et quand maman me laissait, j'allais à la fenêtre la voir partir. » Ce garçon attachant, blond aux grands yeux clairs qui vous regardent sans sourciller, paraît sûr de lui. Sa lucidité est étonnante : « En CM1, le directeur venait me chercher sur le parking, sinon je ne descendais pas de la voiture de ma mère, je hurlais et il m'emmenait de force. » Pourquoi ? Il ne sait pas trop : « Quelque chose d'inconscient, de plus fort que moi... » Une opposition qui parfois dépasse les bornes et pousse sa mère à le garder à la maison de crainte qu'il n'en tombe malade : « Je me reposais, ça me faisait du bien et je retournais à l'école un peu plus facilement. »

Au-delà du raisonnable

Et ainsi va la vie scolaire de Tom, une alternance de présence forcée et d'absences à répétition. Pourtant ses notes sont bonnes, il est entouré de copains et tout va bien avec les enseignants. Mystère !

Il n'empêche que ses crises au-delà du raisonnable bouleversent ses parents. Ils décident d'en parler au médecin. À plus d'un d'ailleurs. Tous les psychologues de la région provençale y passent. Tom se prête au jeu. Du moment qu'il saute quelques cours... et ainsi jusqu'à neuf psys différents ! Pour rien. Tom n'a jamais accroché : « Ils me portaient sur les nerfs, ils me parlaient tous comme si j'avais trois ans... personne ne comprenait... cela ne servait à rien de continuer, alors j'ai arrêté. »

La rechute

Et puis Tom entre en sixième et comme par miracle, l'ensemble du premier trimestre se déroule sans fausse note. Jusqu'au jour où la « comédie » reprend. Avec ses prémices dès le dimanche soir. Tom n'est pas dans son assiette, il se sent patraque. Au petit matin, courbé en deux par des douleurs au ventre, il rejoint ses parents dans leur lit : « Si ça continue comme ça, je ne vais pas pouvoir aller à l'école... » Comme un malade qui rechute, Tom retombe dans sa hantise de l'école. C'est à ce moment-là que je le reçois.

L'impasse

C'est flagrant, Tom n'est pas très emballé de se trouver là. Il est boudeur et me regarde en coin l'air de dire : « On va pas être copains tous les deux... » Ses parents sont en revanche décidés à sortir de cette impasse douloureuse : « On ne peut pas continuer comme ça, toute la famille en pâtit, Tom le premier. C'est plus possible de le voir se martyriser de la sorte... on ne sait plus que faire... » Ils me racontent qu'ils croyaient Tom sorti d'affaire jusqu'à cette rentrée de janvier où tout s'est de nouveau déréglé. Et ils tentent une explication : « Nous sommes partis en congrès à Boston, et à cause d'un retard d'avion, nous sommes rentrés plus tard que prévu. Tom s'est inquiété, malgré notre coup de fil il s'est senti abandonné pendant toute une journée. Il a peut-être pensé qu'il ne nous reverrait plus ? »

Observer, écouter

Je le regarde et lui demande ce qu'il en pense. La voix claire, les mots précis et l'expression facile il réplique : « Non, c'est pas ça. J'étais en vacances chez un copain et son grand-père est mort. Ça m'a rappelé plein de choses… les morts qu'il y a eu dans ma famille, mon grand-père, ma petite cousine qui a eu un accident… et ça m'a chamboulé. »

Il a alors de nouveau rejeté l'école. Son père raconte le stress du dimanche soir et la crise au petit matin. Tom à nouveau plié en deux en train de vomir au-dessus de la cuvette des toilettes. Quinze jours ainsi, sans qu'il puisse quitter la maison : « A huit ans on pouvait encore le forcer, mais là à onze ans… c'est plus possible. Une fois devant l'école, les crises sont effrayantes, il est tétanisé, sa lèvre inférieure se met à trembler… »

Face à l'ampleur de ce stress inexpliqué et chronique, je ne vois qu'une solution : hospitaliser Tom. Le garder quelque temps avec nous, l'observer et l'écouter. Essayer de faire émerger les peurs qui le paralysent. Rassembler le plus d'éléments possible pour décortiquer le cheminement qui le conduit à de telles extrémités et l'amener tout doucement à formuler ce qui se passe dans sa tête.

L'irréparable, pour réparer

Mais le persuader de rester chez nous ne va pas être une mince affaire. Déjà qu'il ne me porte pas dans son cœur ! Ses parents s'inclinent, ils se plieront à ma décision, même si elle leur arrache les tripes. Ils sont d'accord pour tenter l'impossible. Pourvu que leur fils guérisse. Tom se met alors à jurer ses grands dieux que demain, c'est promis il ira à l'école. Mais ses parents n'y croient plus, il l'a dit si souvent déjà. Moi non plus, je ne peux le croire et cette scène a quelque chose de pathétique. Un mauvais sketch, triste à pleurer. J'ai toujours beaucoup de mal à en arriver là. Être obligé de séparer un enfant de sa famille alors que précisément son attachement à ses parents est extrême.

On touche du doigt le nœud du problème. C'est probablement cet attachement qui le rend malade. Et le soin qui s'impose, c'est la séparation. Dans ces moments-là, je m'accroche au souvenir d'autres enfants qui comme Tom s'en sont sortis. Grâce à cet isolement que je leur ai imposé. Je me dis alors que je dois commettre « l'irréparable »… afin de réparer.

Comme l'on pouvait s'y attendre Tom n'est pas un petit patient facile. Il n'est pas coopératif, c'est clair. Il ne veut pas rester ici et le répète à longueur de journée. Le plus dur, ce sont ses crises de larmes et ses promesses sans cesse renouvelées de reprise de l'école. Dans le service, toute l'équipe se fait violence pour ne pas s'apitoyer. Moi-même j'ai parfois du mal à garder le cap car sa souffrance est réelle. Je sais aussi que ses promesses ne sont pas du cinéma. Mais qu'il n'est pas en mesure de les tenir. Je fais de mon mieux pour lui expliquer ce qu'il fait ici mais il me répond toujours : « Vous savez ça sert à rien que je reste, je vous dis que je suis juste un peu fatigué, vous savez on a toujours des trucs dans la tête, ça vous empêche de dormir, voilà c'est tout ! »

Ce petit garçon m'impressionne. Il est brillant. Son QI le prouve : 148. Il a appris très tôt à lire tout seul et s'il arrive à suivre en classe malgré toutes ses absences c'est grâce à ses compétences au-dessus de la moyenne. Je change un peu mon fusil d'épaule et je m'adresse à lui comme à un grand. Il est précoce, je dois lui parler en ado et le courant passe mieux. Nous sommes enfin devenus copains. Il me parle de son goût pour la musique, il aime particulièrement William Sheller, Elton John. Pas banal pour un gosse de onze ans ! Ce qu'il veut c'est être pianiste, comme papa. Un père dont il parle beaucoup. Avec lequel il partage la même passion pour le ski qu'ils pratiquent ensemble le plus souvent possible. Jusqu'au jour où il me lâche : « Mon père a eu un accident à cause de moi quand j'étais petit et j'ai toujours peur qu'il lui arrive quelque chose. »

Isolement obligatoire

Il est coupé de ses parents, c'est la règle. Au début, je les appelle presque chaque jour pour les tenir au courant et tenter d'avancer dans ma compréhension de ce dossier délicat. Je leur parle de cet accident. C'est vrai, son père a eu un accrochage grave en venant chercher son fils à la musique. Tom s'est senti responsable. Il en parle souvent.

Les jours passent. Tom m'inquiète car il s'ennuie ferme. C'est tout juste s'il accepte de partager les jeux de ses petits camarades hospitalisés comme lui. Il est vraiment à part, enfermé dans sa logique : « Je n'ai rien à faire ici. » J'autorise ses parents à lui envoyer une lettre et sa réaction « d'adulte » face à ce courrier montre qu'il assure. Pas de crise d'hystérie.

Je le trouve en effet plus calme, plus posé. Mais à le voir désœuvré et indifférent à ce qui se passe autour de lui, je finis par me dire qu'il doit ruminer toute la journée et que ses pensées en boucle ne sont pas constructives. Il semble s'être résigné à ce séjour qu'il n'a pas demandé et du coup je suis tenté d'y mettre un terme. Je me dis que suffisamment mûr pour son âge, il a peut-être déjà compris... Ce qui me décide ce sont les vacances scolaires qui débutent. Et je me lance. Il va rentrer chez lui. Mais à une condition, qu'il revienne passer deux jours ici avant la rentrée. Il ira directement de l'hôpital à l'école. Je lui donne ainsi plus de chances de ne pas rater sa reprise. Pour moi, c'est quitte ou double. Il est resté chez nous un mois. C'est peu pour une phobie scolaire. Mais je sens Tom différent. Il comprend vite, inutile d'en rajouter. Essayons. Il y a deux jours j'ai autorisé qu'il téléphone à ses parents et ça s'est bien passé. Il n'a pas pleuré, pas supplié. Encore un bon point pour lui.

Je le reçois longuement dans mon bureau avant l'arrivée de sa famille. C'est le grand jour, il est détendu. Heureux. Mais il persiste et signe : « Vous savez il vaut mieux que je parte car ça me stresse encore plus d'être ici, alors ça ne sert pas à grand-chose, ce séjour j'aurais pu m'en passer ! » Je sais qu'il essaie de me tester mais qu'il n'est pas dupe. Alors je ne dois pas le braquer, surtout pas : « D'accord, tu as peut-être raison, mais il n'empêche que je vais passer un contrat avec toi. Si tu ne retournes pas à l'école, tu reviendras ici, le temps qu'il faudra. » On se serre la main. Il me regarde droit dans les yeux : « Vous verrez, je n'aurai pas besoin de revenir ! »

Maintenant je dois voir ses parents. Seuls. Un couple sympa, deux êtres chaleureux et complices qui ne manquent pas d'humour. Manifestement ils ont souffert de cette séparation : « La vie sans Tom... c'était le vide profond ! » Je leur explique le sens de ma décision sans leur cacher que ce n'est pas gagné : « Mais c'est un risque à prendre... » A soigner sans risque, on risque de ne pas soigner !

Ado à onze ans

Il va donc falloir mettre tous les atouts de notre côté. J'indique un psy que Tom doit voir une fois par mois car il doit continuer de parler, et à la longue il finira par évacuer ses peurs. Sur ces séances, il m'a dit être d'accord, puisqu'il s'agit d'une thérapeute que je connais. Je lui parlerai de Tom. Pour faciliter le contact.

Je donne quelques conseils aux parents sur la nécessité de cadrer Tom tout en tenant compte de sa maturité. Il fonctionne comme un ado malgré ses onze ans. Et surtout il ne dit pas le dixième de ce qu'il a dans la tête. Probablement pour ne pas les inquiéter. Car il fait partie de ces enfants que l'on qualifie de « cariatydes », c'est-à-dire qui « ont tendance à porter leurs parents ». Ce souci permanent qu'ils se font pour eux les angoisse terriblement et les empêche de vivre dans l'insouciance de l'enfance : « C'est vrai que lorsque je suis fatiguée, Tom pense toujours que c'est à cause de lui ! » explique sa maman. Son mari renchérit : « On nous a souvent reproché de tout lui expliquer... mais c'est qu'il pose toujours de ces questions... ! Il veut tout connaître, être au courant de tout ce qui se passe à la maison. »

J'explique qu'avec ces enfants avides de savoir, il est important de revenir régulièrement sur terre et de ne pas hésiter parfois à leur dire : « On ne discute plus, tu fais ce qu'on te dit ! ». Sa maman approuve : « C'est usant, il négocie tout... tout le temps il argumente ! »

J'en profite pour lui conseiller une « dépose-minute » devant l'école. Plus efficace qu'on ne le croit, elle dédramatise la séparation : laisser tourner le moteur, faire le bisou et lancer un joyeux : « Dépêche-toi, je suis garée en double file ! » Sa maman me sourit, elle imagine la scène. Un rêve !

L'autoroute du soleil

Je ne vais pas assister aux retrouvailles. Ce moment n'appartient qu'à eux. Les parents le retrouvent dans sa chambre, puis, tous les trois débarquent dans mon bureau. Il y a aussi Noé, le petit frère. Ils font plaisir à voir. Leur sourire en dit long sur le bonheur d'être à nouveau réunis. Mais avant qu'ils ne prennent l'autoroute du soleil, je demande à chacun de s'asseoir. C'est à Tom que je veux parler, en présence de ses parents :

— Pour te dire la vérité, je te laisse partir un peu trop tôt, on ne fait pas ça d'habitude…

— Oui je sais, je vais prendre sur moi, ça sera dur mais je vais y arriver…

— Tu sais, si on échoue, ce n'est pas la fin du monde, tu reviens ici et on refait un contrat…

Je sais qu'il a pigé. Il continue de me regarder, hésite et finit par dire tranquillement :

— Je vais vous prouver que vous pouvez me faire confiance !

— J'y compte bien !

Tom a repris l'école. Normalement. Il ne nous a pas déçus. Certes il a dû faire un gros effort pour être à la hauteur de son engagement. Mais il a tenu bon. Jusqu'à ce coup de fil, un soir à 20 heures. J'ai tout de suite compris à sa petite voix, à ce ton triste et coupable : « Aujourd'hui, j'ai pas pu y aller… mais je vous promets que demain… » Je lui ai dit que cela pouvait arriver, que je le comprenais mais que demain… il n'était pas question de flancher. Et le lendemain il y est allé.

Tom est encore fragile. Et la bataille contre lui-même n'est pas gagnée. Ses pannes vont peut-être se reproduire, mais il va pouvoir rebondir, car aujourd'hui il n'est plus tout seul à les gérer. Ses crises vont devenir de simples accrocs dans sa vie, dont le tissage n'est plus compromis.

La phobie scolaire, la peur de l'école ?

« Notre fils de huit ans vomit régulièrement à l'école. Le pédiatre ne lui a rien trouvé et on s'est dit que c'était de la comédie pour ne pas aller en classe, car à la maison cela ne se produit jamais. »

Cet enfant manifeste ainsi son refus d'aller à l'école. Mais il ne s'agit pas d'un caprice, c'est plus fort que lui. Les parents désarmés et impuissants s'interrogent en vain sur ce qui peut le rendre malade à ce point-là. Car sa souffrance est réelle et palpable.

Il souffre d'une phobie scolaire, « le refus irrationnel de se rendre à l'école », une pathologie découverte en 1941 et dont les symptômes sont très précis. Rien à voir avec l'école buissonnière ou le désintérêt pour l'enseignement. Ce qui motive l'enfant c'est de rester chez lui. Il ne supporte pas la séparation et son angoisse peut être très vive quand les parents insistent. C'est ce qu'ils font d'ailleurs, et on les comprend. Cela donne des scènes épouvantables devant la porte de l'établissement, l'enfant se met dans tous ses états, il résiste comme un beau diable, s'accroche à sa mère, pousse des hurlements, braille entre deux hoquets qu'il va mourir, se roule par terre… Le « hisser » jusqu'à l'entrée est une épreuve de force. Malheureusement les symptômes ne s'arrêtent pas derrière la porte close. Généralement après une demi heure de classe, le malaise reprend ses droits et peut conduire le petit rebelle à l'infirmerie. Et lorsque l'impuissance gagne les enseignants, on rappelle la mère. Il rentre alors chez lui, c'est le dernier acte. Le retour à un état normal. Plus de scène.

L'angoisse du dimanche soir

Même scénario pendant les vacances et les week-ends, l'enfant ne bronche pas, il est tout sucre et tout miel. Les premiers signes d'angoisse apparaissent le dimanche soir. Il n'est pas bien, il ne sait plus très bien où il a mal, au ventre, à la tête… Il ne cesse de se plaindre et de ronchonner. Il passe une mauvaise nuit et au réveil invoque de multiples raisons, aussi futiles les unes que les autres, pour défendre sa cause : une ambiance tendue à l'école… des cours trop difficiles pour lui… des copains pas très sympas… Tout sauf remettre les pieds à l'école. Face à l'ampleur et à la répétition des crises, les parents décident d'agir et tentent le changement d'établissement. Peine perdue. L'enfant est du pareil au même, accroché à son refus.

La tension monte alors d'un cran. Les parents se découragent, leur enfant se fait de plus en plus souvent rapatrier à la maison. Quant au changement d'école... pas de miracle ! Si ça continue comme ça il va se faire exclure définitivement. On sent la famille enferrée dans une logique absurde tandis que l'enfant s'enferme dans sa « toute-puissance ». Il est le maître, c'est lui qui décide ! Ce sont les adultes qu'il met en échec. Et en fait on va s'apercevoir que c'est exactement l'inverse qu'il lui faut.

Entre six et douze ans

Ce comportement maladif est de plus en plus fréquent. Dans notre service, on reçoit environ une demande par mois. Et toujours dans l'urgence, quand les parents craquent d'avoir un enfant déscolarisé à la maison. En général, ces ruptures se produisent entre six et douze ans, au moment de l'entrée en CP ou en sixième. Certains enfants ont de bonnes raisons d'avoir peur de l'école. Parfois parce qu'ils sont précoces et soumis aux sarcasmes voire à la violence de leurs camarades. Ou encore parce que leur échec scolaire est sévère et qu'ils en souffrent énormément.

Mais le plus souvent l'école n'y est pour rien. Il est vain d'invoquer une inadaptation quelconque de l'enfant aux apprentissages ou d'incriminer un établissement qui n'aurait pas su évoluer pour répondre aux attentes du gamin. On sait même que l'enfant atteint de phobie scolaire est plutôt bon en classe voire au-dessus de la moyenne. Le terme de « phobie » n'est donc pas tout à fait adapté, puisqu'il ne s'agit pas d'une peur de l'école. L'origine du problème est ailleurs. Si l'école n'est pas la cause de la peur, celle-ci est peut-être à rechercher du côté de la maison.

Un rôle à jouer à la maison

Le « vrai » phobique scolaire subit une logique toute-puissante qui l'accapare et lui dicte son comportement : il a peur de quitter la maison car il pense qu'il a un rôle à y jouer. Une mission bien précise qui ne l'autorise pas à sortir. Auprès de sa mère, son père, un grand-parent... quelqu'un dont la place est importante dans son cœur. Un peu plus que ça d'ailleurs, une personne qu'il est en devoir de protéger. Or l'école le prive de faire ce que ce personnage attend de lui. Il refuse donc d'y aller et quand on le force, il fait des pieds et des mains pour en revenir. Ce qu'il veut, c'est rentrer pour vérifier si tout va bien. Car il s'inquiète. On dit qu'il ressent fortement mais confusément l'importance de son rôle auprès de cet être qu'il affectionne. Comme s'il en était l'« antidépresseur ». On l'a compris, l'objet de ses tourments ne va pas bien, l'enfant à l'école se dit : « Comment va maman, je dois lui manquer... »

Délier le lien fusionnel

Les mères vont encore se sentir visées, mais il est indéniable que le profil le plus répandu est celui de la maman déprimée ou préoccupée. Celle qui a peur de tout, des microbes, de la rue, des voitures, de tout ce qui concerne l'extérieur et qui a inculqué cette crainte maladive à son enfant. Une idéologie sécuritaire qui impose de toujours se protéger d'un danger imminent. Des mères-poules qui ne savent pas doser leur amour et « qui confondent leur attachement avec un manque à combler vis-à-vis d'elles-mêmes », comme l'explique le psychiatre Alain Braconnier, dans un ouvrage[1] qui tord le coup aux idées reçues sur l'Œdipe tout en faisant l'apologie de l'amour maternel. Il rassure les mères sur cet amour source de bienfaits mais les met en garde de ne pas pour autant étouffer leur enfant. Et de citer cette phrase savoureuse : « Ma mère c'est comme une veilleuse, elle est tout le temps là et quand je suis triste elle peut tout de suite s'allumer pour réchauffer mon cœur. »

Mais quand une mère est dépressive ou simplement dépendante de son fils au point de susciter involontairement sa protection, c'est peut-être aussi parce qu'elle ressent un vide. Un père pas assez présent. C'est souvent le cas, celui du père qui n'assure pas et qui donc ne rassure pas. Le père-copain, complice, sympa et boute-en-train mais qui faillit à son rôle essentiel, contenir l'ensemble de la famille. Il ignore notamment qu'il lui revient la responsabilité de « dé-cristalliser » le rapport mère-fils. D'aider progressivement à délier ce lien fusionnel, en

1. Alain Braconnier, *Mère et fils*, Odile Jacob.

encourageant les départs en classe verte et chez les grands-parents. Au lieu de cela il laisse fonctionner cette « dream team » sans en modérer la puissance. Il faut dire aussi qu'il n'a peut-être pas eu le choix. Il arrive en effet que lorsque l'enfant paraît, la symbiose entre sa mère et lui est si forte qu'il est parfois difficile d'y glisser une tierce personne. Même s'il s'agit du père ! Qu'on appelle aussi le « papa-canapé » : lassé d'être de trop dans le lit conjugal où le fils les rejoint chaque nuit, il se réfugie sur le canapé et finit par s'en accommoder. Il s'exclut alors de lui-même et valide ainsi la place de l'enfant dans le lit de sa mère. Et auprès de lui, son fils n'a pas non plus la référence dont il a besoin, le modèle auquel s'identifier pour devenir grand. Alors entre un père trop cool et une mère qui le couve, il prend peu à peu conscience qu'il a un rôle important à jouer. Très vite il sait que sa mère ne peut pas se passer de lui, à force de l'entendre lui murmurer à l'oreille : « Heureusement que je t'ai… » On connaît la suite, le rapport s'inverse, le fils prend le dessus. Dans la phobie scolaire, on le voit, c'est lui qui prend les rênes.

Pourtant cet enfant qui refuse l'école est souvent assez conforme. Il ne présente pas de problème apparent, pas d'antécédent psychologique. Il est plutôt casanier, particulièrement attaché à la maison où il a ses habitudes auxquelles il tient. Il est timide, peu enclin au changement et manque de confiance en lui. L'expérience montre qu'il est souvent intelligent, surdoué parfois, ce qui explique

que l'école ne soit pas suffisamment attrayante pour lui. Elle ne lui apporte pas assez pour le pousser à y rester. L'esprit ailleurs, centré sur la maison dans son cas, il ne s'investit pas dans les apprentissages.

Quand l'enfant arrive dans notre service, l'objectif prioritaire est qu'il retourne à l'école le plus vite possible. Plus on attend, plus la réconciliation est difficile. Et au bout d'un ou deux mois d'absence, la reprise est une gageure. Car l'enfant a vite compris les avantages de la situation. Des bénéfices secondaires qui ne sont pas négligeables, comme rester au lit le matin, échapper aux évaluations et donc ne pas risquer de se frotter à l'échec. De plus, la déscolarisation entretient le lien pathologique mère-fils, leur dépendance réciproque s'accroît et le retour à l'école devient alors l'unique remède pour éviter l'enkystement de cette relation.

Dans un premier temps, on recommande un suivi psychologique pour l'enfant et pour la famille. On peut également proposer un sirop anxiolytique pour l'aider à passer de meilleures nuits et favoriser un réveil moins anxieux. Mais les résultats sont décevants. Il ne s'agit pas d'un simple caprice. Après plusieurs visites chez nous, l'enfant explique qu'il a compris, qu'il est d'accord pour retourner à l'école et que c'est promis lundi il sera présent. Rien à faire, c'est plus fort que lui. Le lundi, il craque à nouveau. Et il rationalise encore : c'est le maître qui est trop sévère... il a mal à la tête... son meilleur copain n'est plus là... et il en est persuadé !

Cette pathologie est très curieuse, ces enfants nous touchent beaucoup. Ils sont sensibles, intéressants, plutôt faciles et dociles en consultation. On les sent vraiment sincères quand ils jurent de retourner en classe. Puis quelque chose leur échappe sans qu'ils puissent l'expliquer, une force irrésistible qui les fait rentrer dare-dare chez papa-maman. C'est alors que nous prenons la décision qui s'impose.

La séparation

Un moment douloureux. Une sorte de traitement de choc qu'aucun de nous n'aime pratiquer mais qui est le seul à pouvoir sortir ces gamins du cauchemar. C'est l'hospitalisation. Qu'il faut aussi faire accepter aux parents ! Imaginez la scène de la séparation, elle est violente. L'enfant hurle « ne me laissez pas… j'irai demain… je le jure… ». Il est alors de notre devoir d'être fermes. Les parents s'en vont et le môme pleure toutes les larmes de son corps. Mais si nous pouvons gérer ce mini-drame, c'est parce que nous connaissons la chanson. Passées de longues minutes de détresse, l'enfant semble s'apaiser et se dirige tranquillement vers le baby-foot où il se met à jouer avec ses nouveaux petits camarades. Le contraste est saisissant. Cela s'explique. Nous l'avons obligé, il n'a pas eu le choix. Il ne peut culpabiliser et se dire : « Je suis méchant d'avoir laissé maman. » C'est là que réside toute la différence, on l'a soulagé du poids de la responsabilité de la séparation. Ce que l'école ne peut pas faire, l'autorité de la blouse blanche le permet.

Le rassurer

Bien sûr, au cours des journées qu'il va passer dans notre service, il aura des moments de déprime, ressentira le besoin de rentrer chez lui. Mais il ne le fera pas. Nous avons mis au point un partage des rôles au sein de notre équipe pour à la fois continuer à le materner et surtout le rassurer. Le médecin prend les décisions, les infirmières et éducatrices l'accompagnent dans ses activités et n'hésitent pas à le cocooner le soir avant de s'endormir. L'essentiel des soins consiste en une psychothérapie pour arriver à déterminer la source de son anxiété et favoriser la formulation de ses peurs. De jour en jour on sent bien qu'il se re-mobilise grâce aussi aux relations qu'il entretient avec sa « nouvelle famille » de petits copains hospitalisés comme lui. L'objectif est qu'il s'aperçoive qu'il est capable de vivre sans ses parents. Il mène ici une vie la plus « normale » possible, qui inclut donc également des temps d'école. Et sur ce point, pourtant sensible pour lui, on constate avec bonheur qu'il se rend volontiers aux deux après-midi « d'activités scolaires » de l'hôpital. Et qu'il aime ça !

En parallèle nous continuons à voir les parents, une fois par semaine, pour comprendre ce qui s'est passé et essayer de les aider à gérer la crise. S'ils vivent tous mal cet « isolement », aucun en revanche ne nous a jamais demandé de reprendre leur enfant. Ils nous accordent leur confiance quitte à en souffrir. C'est aussi l'aveu de leur impuissance face à une situation qui les dépasse.

Le traitement-séparation dure plusieurs semaines. Et pas question de déroger à la règle qui doit rester stricte : d'abord un échange de lettres, puis un coup de fil, puis une visite, et enfin une permission. C'est seulement après cette première sortie que l'on envisage la fin de l'hospitalisation, une décision délicate prise après avis de l'ensemble du service. Parfois l'enfant passe directement de l'hôpital à l'école. Une façon de l'aider à franchir le pas, lui montrer que c'est possible, et qu'il peut recommencer dès le lendemain. Mais parfois on échoue. L'enfant rechute. Il nous arrive alors de tenter pour lui la formule de l'internat. En effet, la séparation si douloureuse pour lui ne se produit que le lundi. Il évite ces retours quotidiens à la maison qui le perturbent. Et au fil des jours il s'y fait, il réapprend à vivre pour lui-même, il prend conscience de l'intérêt d'avoir des copains, un environnement à lui. Et l'école en fait partie.

Abandonner sa scolarité, par peur de quitter la maison, est un mécanisme psychique compliqué et pas anodin. La prise en charge doit être sérieuse, tout doit être mis en œuvre pour éviter une régression affective et sociale dans laquelle l'enfant ne manquerait pas de s'enfermer. Écarter ce danger qui le guette, car dans le développement de chacun, l'école a sa part, non négligeable. Celle de conduire vers l'autonomie et de transformer les essais. Avec application et simplicité, comme l'a fait Paul Le Guen, cet entraîneur de l'Olympique Lyonnais qui a permis à ses joueurs de donner le meilleur d'eux-mêmes.

Lyon, 3 juillet 1988 : toujours y croire !

Le ballon s'élève dans le ciel plombé par la lourdeur de l'été. À un mètre du sol, je plonge et catapulte la balle dans la lucarne. Incroyable, le goal géant de l'équipe de Rotterdam est lobé ! Le but de l'égalisation.

Jeux mondiaux de la médecine. Comme chaque année, des médecins du monde entier se mesurent dans tous les sports. En foot, les Hollandais et les Italiens sont les plus forts. Notre équipe n'est certainement pas la meilleure du tournoi. Celle que j'emmènerai à Montréal puis à Héraklion sera bien supérieure. Mais quand la compétition se déroule dans notre ville, place à l'improvisation ! L'équipe se monte à la va comme j'te pousse, elle se constitue de bric et de broc. Les matches sont casés entre deux consultations. Plusieurs de nos joueurs arrivent en retard, parfois sans chaussures à crampons. C'est dire.

Et pourtant, ce jour-là m'en a plus appris que beaucoup de livres. L'école de la vie en somme !

Marquer un but d'une tête plongeante, voilà trente ans que j'attendais ça ! C'est pas faute d'avoir essayé. Mille tentatives, autant d'échecs. Jusqu'à ce que Samy, un jeune interne que j'ai recruté in extremis parce qu'il ressemblait à Serge Chiesa, déboule sur l'aile droite, effectue le centre parfait et me permette de réaliser un petit miracle.

Dans ces cas-là, surtout, ne pas penser, ne pas programmer l'action. Car dès que le cortex frontal s'en mêle, trop de connexions s'expriment à la fois, et la maladresse reprend le dessus. Il faut agir sans penser, privilégier le fonctionnement automatique plutôt que la commande réfléchie. Finalement, ce sont les mêmes conseils que je prodigue aux enfants « dys » ! Si les années de médecine n'ont pas guéri ma maladresse gestuelle, elles m'ont appris à la comprendre, pour mieux la combattre. Et surtout, trouver des stratégies pour la contourner. Ne jamais renoncer. Vivre avec et transformer l'essai. Une leçon de vie que j'essaie aussi de transmettre à mes petits patients.

Ce centre idéal que j'ai tant de fois rêvé, Samy l'a fait et m'a ouvert les portes du paradis... Assis sur le sol, le gardien batave me regarde interloqué. Je suis presque désolé... Comment lui dire que je ne l'ai pas fait exprès !

III

EN MARCHE VERS LA GUÉRISON : PISTES À SUIVRE

« Vous n'allez tout de même pas me le droguer ! »

Anxiolytiques, anti-dépresseurs... les mots font peur. Pis. Associés à l'enfance, ils sont tabous. La polémique bat le rappel de ses troupes anti-tout, l'agitation médiatique met de l'huile sur le feu et on en oublie que parfois il y a Edgar ou Chloé qui s'en sortent grâce à l'un de ces psychotropes violemment décriés. Et que chaque fois c'est encore une petite victoire gagnée contre la souffrance. C'est pourquoi dire « oui » ou « non » aux traitements médicamenteux n'a pas de sens. On n'est ni pour ni contre, on doit savoir de quoi il retourne. Bref, éviter les a priori sur un sujet aussi sérieux et surtout accepter d'en parler.

Cela en vaut la peine.

Une forte demande

Et dans ce domaine, les malentendus sont pléthoriques. Ils nous entraînent dans d'étranges paradoxes. À commencer par la prescription. En effet, à force d'être diabolisés par les pédopsychiatres, les psychotropes, « ces substances chimiques ayant un tropisme psychologique », sont davantage prescrits par les pédiatres[1] et les généralistes ! Certes ils le font au compte-gouttes. Mais néanmoins cette tendance en dit long. Elle est révélatrice d'un impérieux besoin.

En 2003, une étude de l'Inserm, réalisée en région parisienne, montrait qu'un enfant sur huit souffrait de problèmes psychologiques. Un constat alarmant dont les premiers témoins sont les médecins d'enfants, directement concernés et frappés par cette tendance inquiétante. Peu formés à faire face à ce genre de pathologies et de plus en plus nombreux à tendre la main vers la psychiatrie infantile. Pour preuve, notre équipe assure deux à trois séances d'enseignement post-universitaire par semaine, à l'intention de ces professionnels qui exercent dans toute la France. Et parmi les questions récurrentes : « Comment dépister la dépression de l'enfant, comment répondre aux demandes des parents sur l'échec scolaire, comment gérer un enfant instable, quelles solutions proposer à un enfant précoce ? »

Ces rencontres nous paraissent être actuellement un des enjeux fondamentaux de la pédopsychiatrie moderne. Nos confrères médecins scolaires et libéraux prennent une part de plus en plus grande dans

1. Selon l'AFSSAPS, Agence française de sécurité sanitaire des produits de santé.

l'assistance que l'on peut apporter à nos jeunes patients. Car leur rôle ne s'arrête pas au dépistage. Ils sont des collaborateurs précieux dans le suivi des familles, indispensables lorsqu'un médicament a été prescrit, pour nous alerter en cas de problème ou si l'amélioration attendue n'est pas au rendez-vous.

La douleur psychologique existe aussi

Malgré l'augmentation des pathologies psychiques, les traitements médicamenteux restent un sujet tabou. Quelle est donc l'origine de cette peur des psychotropes dont il est pourtant prouvé que l'usage mesuré chez l'adulte améliore la qualité de vie ? Pourquoi l'enfant n'y aurait-il pas droit dès lors qu'un diagnostic solide a été établi ? Rappelons que dès 1937, Charles Bradley publiait des résultats obtenus par les amphétamines sur l'agitation de l'enfant ! Soixante-dix ans plus tard, aurait-on régressé ? Pourquoi aujourd'hui priverait-on l'enfant d'une possibilité de traitement au moment où un progrès énorme a été accompli pour faire reculer la douleur physique à l'hôpital. La douleur psychologique existe aussi, nous en sommes témoins chaque jour. Alors pourquoi dire « non » d'emblée aux psychotropes, quand leur usage est modéré et surveillé. Cette impasse mérite un petit rappel historique.

Il fut un temps, dans les années soixante, où il était indécent d'envisager de traiter un enfant porteur de troubles du comportement. Les conceptions qui prévalaient à l'époque s'étayaient uniquement sur une tentative de compréhension psychodynamique, c'est-à-dire inscrite dans l'environnement de l'enfant et dans son passé. En clair, c'était toujours la mère qui au bout du compte était visée comme responsable. Parfois le père... bref, des enfants sans problèmes apparents mais avec des parents à problèmes ! La médication était alors associée à une image quelque peu méprisable, réservée aux psychiatres « bornés, qui ne pensaient pas... » !

Cette prise de position manichéenne s'appuyait sur des notions idéologiques et militantes, reflets des conflits qui agitaient les sciences humaines de cette période. Dans les années soixante-dix, rappelons les fameuses soirées des « Dossiers de l'écran », qui opposaient régulièrement l'un des maîtres de la psychanalyse de l'enfant, Serge Leibovici, à Pierre Debray-Ritzen, défenseur de la psychiatrie « biologique », c'est-à-dire rationnelle. C'était l'époque des affrontements médiatiques poussés jusqu'à la caricature, sujets à confusion, voire décourageants pour les téléspectateurs et surtout pour les nombreux parents d'enfants en difficulté. Principal sujet de discorde, l'autisme, qui était alors le porte-drapeau de ces clivages idéologiques.

Confrontés à de telles divergences, les étudiants en psychiatrie en perdaient les pédales au point de se demander s'ils avaient fait le bon choix de carrière. Durant notre internat, passer un an dans un service lancé à fond dans la voie psychanalytique « pure et dure », puis se retrouver sans transition chez les partisans d'une vision plus « neurobiologique », pouvait nous faire courir le risque de confusion mentale ! Restait pour les plus motivés une troisième voie, piocher dans les deux extrêmes et n'en retenir que ce qu'ils avaient de plus pertinent.

Les contradictions qui permettent d'avancer

Par bonheur, cette voie favorable au débat et forcément plus riche a fini par se développer. Et la pédiatrie en a largement bénéficié. Car comme toutes les sciences « non exactes », elle avance aussi grâce à ses contradictions. Il y a une vingtaine d'années on nous apprenait que les nourrissons devaient être couchés sur le ventre. Avant que certains cas de « mort subite » ne modifient radicalement la position des bébés dans les berceaux. Sans parler de ces enfants qui perdaient patience sur la plage, l'œil rivé à leur montre, en attendant que s'écoulent les trois heures obligatoires entre la fin du repas et l'heure de la baignade... Dépassé !

N'oublions pas que la psychiatrie de l'enfant est une spécialité récente, obligée de sans cesse s'adapter aux évolutions sociologiques. Les clivages antédiluviens ont donc fini par s'atténuer. Je me souviens de ce confrère, émule de Bruno Betthe-leim[1] et jusque-là convaincu du rôle « pathogène » de la mère, déclarant publiquement dans un congrès international que l'autisme pouvait finalement rele-

1. Bruno Bettelheim, *La Forteresse vide*, Gallimard, 1969.

ver d'une maladie neurologique ! On ne parle désormais plus d'autisme mais de différentes formes d'autisme et la possibilité d'origines génétiques multiples a même été prouvée par de nombreux travaux récents[1].

Le « mental » soigné comme le reste du corps

En même temps que les mentalités se décrispent, on commence aussi à mieux comprendre le fonctionnement de notre cerveau. Grâce à l'émergence des « neurosciences », une petite révolution dans le domaine des maladies du système nerveux. Une façon de reconnaître que « le mental » peut faire l'objet d'une exploration comme le reste du corps humain. Les nouvelles générations de psychiatres en ont bénéficié et osent maintenant appliquer à l'enfant de nouvelles méthodes qui ont fait leurs preuves chez l'adulte. Telles les thérapies cognitivo-comportementales* et l'utilisation des psychotropes. D'autant plus que la pédopsychiatrie classique montre ses limites face à l'explosion de certaines pathologies telles que l'hyperactivité, les troubles anxieux ou les conduites addictives. Ce déficit a fini par encourager la famille des praticiens à chercher de nouvelles approches, plus incisives. En particulier médicamenteuses.

---

1. Notamment Arnold Munnich, généticien et chercheur à l'hôpital Necker, Paris.

L'évolution dans ce domaine a été longue à se dessiner. Il y a vingt ans, les pédopsychiatres, en particulier ceux exerçant en institution, répugnaient à prescrire des psychotropes. Ils préféraient diversifier et améliorer les prises en charge à travers les psychothérapies individuelles, les psychodrames* et la guidance parentale. Les rares prescriptions en milieu hospitalier étaient réservées à l'urgence, et aux enfants difficiles, c'est-à-dire violents ou opposants. La décision de prescrire était prise après concertation de toute l'équipe et avec moult précautions idéologiques.

Quant aux troubles du sommeil qui existent pourtant depuis la nuit des temps, ils ne bénéficiaient que très rarement d'un traitement chimiothérapique et laissaient les parents démunis face à l'écran noir de leurs insomnies.

Des progrès dans la pharmacopée

Aujourd'hui les choses ont changé. Grâce à l'irruption salutaire de certains psychotropes que nul ne saurait ignorer. Notamment dans les domaines des troubles obsessionnels et compulsifs, des perturbations de la personnalité et de l'hyperactivité. Il y a désormais consensus sur l'effet positif de certains médicaments, à condition bien sûr que leur prescription s'appuie sur un diagnostic rigoureux. Du reste, si le traitement n'est pas efficace rapidement, c'est le signe qu'il y a eu mauvaise interprétation.

L'arsenal thérapeutique s'est considérablement enrichi avec des produits dont l'action est de plus en plus ciblée. Et qui sont particulièrement bien supportés par les enfants, qui ne se plaignent pas d'effets gênants sur le plan scolaire.

Le XXe siècle a vu l'avènement des neuroleptiques, utilisés dans les psychoses et dans le traitement des tics. Les derniers nés de cette classe de médicaments sont prescrits avec succès à des enfants anxieux, agités ou agressifs. Un nouveau produit est particulièrement efficace. Employé à petite dose, dès l'âge de cinq ans, il permet de rendre tolérables des agitations ou des comportements violents. Il va considérablement modifier dans les années à venir la prise en charge des enfants « limites », encore appelés « dysharmoniques ». Un rapport de l'Inserm (septembre 2005) préconise l'utilisation de ce type de médicament, en deuxième intention, lorsque la prise en charge psychothérapique s'avère insuffisante chez les enfants qui répondent au diagnostic de « trouble des conduites »[1].

Parmi les antidépresseurs, dont on redoute la toxicité en cas d'ingestion massive, les plus anciens ne sont pratiquement plus utilisés, excepté dans certains cas rares comme l'énurésie. Ce symptôme est d'ailleurs en train de quitter le champ pédopsychiatrique depuis qu'il est pratiquement certain que cette incontinence nocturne est surtout la consé-

1. D'après le rapport, un adolescent sur 10 souffrirait de ce type de trouble du comportement.

quence d'une vulnérabilité sphinctérienne, sans troubles psychologiques associés. Traiter un symptôme aussi bénin, même à l'aide de faibles doses, ne nous paraît plus d'actualité.

En revanche l'arrivée d'antidépresseurs de nouvelle génération, les IRS[1], pratiquement dénués d'effets secondaires, a considérablement modifié la prise en charge des troubles dépressifs et anxieux. Face à une dépression infantile, les résultats sont rapidement efficaces au point de pouvoir interrompre le traitement beaucoup plus vite que chez l'adulte. Car modifier le comportement de l'enfant permet de le réconcilier avec ses camarades et sa famille. C'est l'effet « miroir ». En même temps que l'enfant change, le regard des autres évolue, ce qui l'encourage à continuer et ainsi de suite. La voie est tracée. Le médicament a simplement rempli son rôle de catalyseur pour enclencher une nouvelle dynamique.

La situation paraît figée

Edgar a dix ans et pleure toutes les larmes de son corps. Ses parents se sont séparés six mois plus tôt et il est inconsolable. Au point de refuser de se nourrir et de se rendre à l'école. D'ailleurs ses résultats scolaires se sont effondrés. Plus rien ne semble l'intéresser : « Je donnerais tous mes cadeaux de

1. Inhibiteurs de la recapture de la sérotonine, qui augmentent dans le cerveau la quantité d'une substance nécessaire à la gestion des émotions.

Noël pour que mes parents soient à nouveau ensemble... » Il a entrepris une psychothérapie. Sans enthousiasme. Et reste souvent muet durant toute la séance. La situation paraît figée.

Un traitement de 50 mg d'un antidépresseur de nouvelle génération a permis en quinze jours de lui redonner l'envie de communiquer. Il peut alors expliquer que cette séparation qu'il redoutait depuis longtemps lui évoque des choses trop tristes. En particulier, l'idée insupportable de ne pas avoir été capable de les empêcher de divorcer. Noyé dans sa culpabilité, Edgar ne pouvait même plus penser, ni parler. Encore moins se motiver pour l'école.

Le traitement a été interrompu trois mois plus tard. Edgar attend maintenant ses séances de psychothérapie avec impatience : « J'ai tellement envie de comprendre... »

C'est dans la catégorie des anxiolytiques que les avancées sont certainement les moins spectaculaires. Peu de nouveaux produits ont été proposés, sachant que la tendance actuelle est d'éviter le risque d'accoutumance. Un seul, sous forme de sirop, reste cependant efficace pour lutter contre l'anxiété vespérale. Il est aussi efficace pour aider les enfants précoces surexposés aux questionnements multiples.

Enfin apaisés, les parents deviennent apaisants

Depuis le cambriolage de son appartement pendant les vacances de Noël, Chloé, huit ans, ne peut s'endormir avant 23 heures et les rituels du coucher épuisent sa maman : porte à peine entrouverte, lampe du couloir allumée, verre d'eau sur la table de chevet, sans compter les « raconte-moi encore une histoire » qui n'en finissent pas. Tentatives des parents pour la rassurer, menaces de punitions et consultations psychologiques, rien ne semble calmer cette anxiété du soir, qui, au fil des mois, perturbe l'ambiance familiale. Et plus encore lorsque la maîtresse tire la sonnette d'alarme : « Chloé dort toute la matinée et risque de redoubler son CE1. »

La prescription d'un sirop à visée anxiolytique a rapidement rétabli le sommeil de Chloé. Et mis un terme à la spirale infernale qui faisait du coucher un grand moment de stress familial, bien loin de la sérénité requise pour qu'un enfant accède au sommeil. Enfin apaisés, les parents deviennent apaisants. Interrompu comme prévu huit jours après, le traitement n'a jamais eu besoin d'être repris.

Enfin, certainement parmi les psychotropes les plus décriés, les psycho-stimulants*, dont le seul nom déclenche les polémiques. Stimulants de la vigilance, ces médicaments[1] sont préconisés lorsqu'un enfant présente une instabilité psychomotrice permanente, qui le gêne dans ses apprentissages et dans sa vie sociale. Chez nous, la décision

1. Le méthylphénidate, commercialisé sous les noms de Ritaline, des comprimés dosés à 10 mg dont l'action dure 4 heures ou de Concerta L.P. (libération prolongée) dont l'action se maintient 12 heures et évite ainsi la prise du déjeuner.

de prescrire n'est prise qu'après deux journées au minimum passées en observation à l'hôpital pour une série de contrôles : examen clinique et électroencéphalogramme, tests neuropsychologiques et évaluation de la personnalité. Dans ce domaine, une approche homéopathique peut être un complément efficace, avec on s'en doute un accueil favorable des familles. Une supplémentation en fer peut également être proposée, depuis qu'une étude récente montre son effet bénéfique dans certains cas.

L'amélioration des techniques d'évaluation

Un paramètre d'importance est venu se superposer à ces nouvelles possibilités de traitements. Ce sont les progrès réalisés en matière de techniques d'évaluation, notamment d'influence nord-américaine. De nouveaux outils d'étalonnage permettent en effet de mieux cerner les pathologies, de ne plus traiter à l'aveugle et de suivre de façon quasi objective l'évolution du jeune patient au fil du traitement. Différentes échelles, remplies par l'enfant et son entourage, offrent un cliché très pertinent de l'humeur et du comportement. Elles sont pourtant peu utilisées par les pédopsychiatres français.

Malgré cette évolution des idées et les avancées technologiques, l'usage de médicaments reste taxé d'interdit. Certains parents, même les plus désemparés, n'hésitent pas à s'insurger : « Vous n'allez pas me le droguer quand même ! »

Et la polémique est loin de s'apaiser. Surtout autour de la fameuse Ritaline utilisée contre l'hyperactivité, dont on connaît pourtant les vertus depuis 1937 aux États-Unis et qui a fait l'objet de milliers de publications. Des journaux comme *Le Monde* se font régulièrement l'écho de réactions protestataires de la part de pédopsychiatres qui s'élèvent contre ce qu'ils appellent la dérive atlantiste. Achevant par là d'introduire le doute au sein des familles. Cette attitude résulte d'une tendance très française à privilégier la compréhension de l'origine des troubles, et à préférer une thérapie purement psychologique. Nous partageons cet objectif, indispensable à toute prise en charge, mais nous l'estimons insuffisant. Et réducteur, car il laisse trop d'enfants en souffrance. Dommage, surtout de la part de médecins qui semblent oublier que notre mission première est de soulager.

Le problème de la recherche chez l'enfant

Le deuxième volet de cette tentative d'explication tient peut-être à la pauvreté des recherches françaises en matière de pédopsychiatrie. Il est vrai que les laboratoires pharmaceutiques montrent peu d'enthousiasme à s'engager dans des études chez l'enfant. L'expérimentation dans ce domaine est restée longtemps confidentielle. Plusieurs raisons expliquent ce retard.

Les recherches sont compliquées. Le métabolisme de l'enfant, beaucoup plus rapide que celui de l'adulte, oblige à fractionner les doses et à les rapporter constamment au poids. Sans que l'on ait vraiment établi de règles dans ce domaine. Ensuite se pose un problème éthique. Sur quels critères peut-on être certain que l'enfant a bien compris les enjeux du protocole dans lequel il s'engage ? C'est la notion du « consentement éclairé », délicat à apprécier chez l'enfant. Par ailleurs, le développement des familles monoparentales ou reconstituées rend de plus en plus difficile un accord à la fois du père et de la mère. Sans parler des situations où l'enfant est l'enjeu d'un conflit. Autre obstacle, le manque d'information « prospective ». En effet, que répondre aux parents réticents face à des médications nouvelles dont on ne connaît pas suffisamment les effets à long terme ?

Lutter contre le « tout-médicament »

Le médicament ne pourra pas résoudre tous les problèmes. Le suivi psychologique et les recommandations adressées aux familles restent les temps forts du soin. Mais lorsque le symptôme est responsable d'un mal-être qui va gêner l'enfant dans son processus d'autonomie et l'empêcher de s'épanouir dans son milieu familial, social ou scolaire, ce serait une faute de négliger l'approche chimiothérapique. Dans cette optique, le psychotrope n'est que l'un des maillons de l'assistance offerte au jeune patient en difficulté. Il a sa place dans un arsenal thérapeutique de plus en plus riche.

Et cette richesse s'appuie d'abord sur une relation de qualité. Règle d'or du thérapeute, saisir la réalité de la souffrance d'un enfant et savoir comment elle se traduit chez ses parents. Ensuite, établir un diagnostic, mettre en route une prise en charge psychologique adaptée, et prescrire si besoin.

C'est ainsi que le débat « comprendre ou prescrire » devient obsolète, au profit d'une seule voie qui synthétise tous les clivages : « Comprendre, accompagner, *et* prescrire s'il le faut... »

Outils et objectifs des évaluations

À quoi sert le QI ?

Isolé, le Quotient Intellectuel ne veut pas dire grand-chose. Il a d'ailleurs mauvaise presse, en particulier auprès des enseignants qui lui reprochent une trop grande référence à l'inné et son risque d'exclure la capacité de progression des enfants. Pourtant ce QI devenu politiquement incorrect nous est indispensable. Il représente une série d'épreuves chiffrées qui oriente nos évaluations cliniques et nos analyses qualitatives. Inclus dans une démarche globale de diagnostic, il fait partie des différents outils dont nous disposons pour repérer de façon relativement fine les paramètres à l'origine d'un échec scolaire. Il nous permet également de mesurer l'impact d'une maladie neurologique sur les apprentissages. Il nous est nécessaire, mais pas suffisant.

Le test le plus employé et adapté aux six/dix-sept ans est le WISC (Wechsler Intelligence Scale for Children), dont la dernière version est disponible en

France depuis le mois de septembre 2005 sous le nom de WISC IV. Cette évaluation est avant tout un cliché des compétences que l'enfant veut bien nous montrer à un moment donné. Il peut donc comporter des « faux-négatifs » de la part de ceux qui ne jouent pas le jeu par manque de disponibilité, provocation, opposition ou fatigue. Dans ce cas, le résultat est sous-estimé. En revanche l'inverse ne peut pas se produire, il ne saurait y avoir de « faux-positifs », l'enfant ne pouvant simuler des compétences qu'il n'a pas[1].

D'emblée nous rejetons l'intérêt d'un chiffre global. Ce qui retient toute notre attention c'est l'écart entre les résultats obtenus aux différentes fonctions testées. Cette comparaison systématique entre les épreuves est une méthode fiable et riche d'enseignement. Elle nous permet d'examiner un à un les éléments qui concourent à la construction des compétences. Une sorte de puzzle qu'il faut essayer de reconstituer en donnant à chaque pièce le rôle qui lui convient. Ces aptitudes diverses reflètent des forces et des faiblesses imbriquées les unes aux autres et constituent le patrimoine intellectuel sur lequel l'enfant s'appuie pour « apprendre, comprendre et s'adapter »[2].

L'évaluation intellectuelle est le domaine des psychologues, qui eux seuls sont habilités à en assurer le déroulement et l'interprétation. Régulièrement, ces

1. W. Allen : « Il est plus facile pour quelqu'un d'intelligent de faire l'idiot, que l'inverse. »

2. Alfred Binet, psychologue, *L'Intelligence*, Que sais-je ?

professionnels mettent en garde contre l'utilisation hasardeuse qui pourrait être faite des résultats d'un QI. Nous ne pouvons qu'approuver une telle démarche. On ne peut assimiler l'évaluation intellectuelle à n'importe quel autre examen complémentaire, comme un bilan ORL ou un électroencéphalogramme par exemple. Les chiffres du QI ne peuvent être interprétés qu'à travers une observation globale de l'enfant, une appréciation fine des conditions de passation, replacées dans l'histoire de l'enfant et de sa famille. Sorti de ce contexte, isolé de l'avis du clinicien qui a pratiqué l'évaluation, un résultat brut n'a plus de sens. Pis, il peut même conduire à des contresens, préjudiciables pour l'enfant. Réduisant dangereusement le jeune patient à un score sans signification. Dont la diffusion maladroite pourrait avoir des conséquences désastreuses pour l'image que l'enfant se fait de lui-même, et pour son orientation scolaire. De fait, la médiatisation du QI risque d'en pervertir le sens, et d'entraîner les familles sur de fausses pistes sous prétexte d'éclairage scientifique.

C'est pourquoi nous ne dévoilerons pas la dernière version du QI (WISC IV), pour en préserver la confidentialité. Nous souhaitions en revanche décrire quelques épreuves de l'ancienne version (WISC III)[1], afin d'illustrer certaines situations décrites dans les premiers chapitres. Nous verrons que si

1. Inspiré de *Neuropsychologie de l'enfant*, Janine Flessas et Francine Lussier, Dunod.

les chiffres rapportés par le test permettent d'orienter les diagnostics (dysphasie, déficit d'attention...), il ne s'agit que d'indices, qui doivent être mis en perspective avec le reste de l'évaluation psychoaffective de l'enfant.

La passation du WISC III dure environ une heure trente et explore deux sortes d'aptitudes. L'enfant doit à la fois utiliser ses compétences « verbales » (QI verbal), qui font référence au langage et ses compétences dites de « performances » (QI de performances) qui font appel à l'intelligence pratique. Le test alterne épreuves verbales et non verbales. Les deux séries de résultats font ensuite l'objet d'une étude comparative. Voici, assorti de quelques interprétations à titre d'exemples, un résumé de la chronologie du test.

L'évaluation des compétences verbales regroupe six épreuves :

1. Information

Dans cet item, les connaissances générales sont évaluées sous forme de questions :

— Combien y a-t-il de continents[1] ?

— Qui est l'auteur de *Vingt mille lieues sous les mers* ?

---

1. Ces questions ne sont pas celles vraiment posées, mais similaires, par respect pour les auteurs du test. Cette confidentialité sera préservée pour chacune des épreuves (ou items) présentées ici.

Cette épreuve est extrêmement sensible à la qualité des rapports familiaux et sociaux. Elle permet de voir si l'enfant bénéficie de stimulations à la maison et dans son environnement. Son savoir n'est pas seulement du ressort de l'école, il dépend aussi de son intérêt pour ce qui l'entoure, de sa mémoire à long terme, de son aptitude à se repérer dans le temps.

Cette étape est particulièrement difficile pour les « dysphasiques » qui n'ont pas accès aux mots et pour tous ceux qui évoluent dans un milieu peu motivant. Le score obtenu n'est pas un indice d'intelligence réelle mais plutôt de capacités d'apprentissage et d'ouverture vers l'extérieur.

2. Arithmétique

Il s'agit de petits problèmes de plus en plus compliqués, à résoudre mentalement.

« Un train lancé à 200 km/heure part à 8 heures, il doit parcourir une distance de 500 km, une panne l'oblige à s'arrêter 15 minutes, il roule ensuite seulement à 100 km/heure. Avec quel retard arrive-t-il à destination ? » Etc.

Le score bien sûr est établi en fonction de l'âge. Les énoncés les plus difficiles sont lus par l'enfant, l'épreuve est chronométrée ce qui ajoute un facteur de stress. Sont explorées les compétences d'attention et de concentration (garder les consignes en mémoire), la représentation mentale du problème et la capacité de raisonnement.

Parmi ceux qui ratent régulièrement cet exercice, on retrouve les « hyperactifs » (manque d'attention), les « précoces » qui trouvent ça nul et trop scolaire, les « dyslexiques » (difficulté de lecture).

3. Similitude

On demande à l'enfant de définir de quelle manière deux objets sont semblables :

— Un oiseau et un avion ?

— La radio et la télévision ?

Et ainsi de suite du plus facile au plus difficile.

On appréhende ici la conceptualisation (capacité de synthèse), l'abstraction (isoler un élément d'une notion ou d'une représentation), la pensée analogique. Les compétences requises sont indépendantes du milieu scolaire et social. En effet, ces notions n'ayant pu être apprises à l'école ou à la maison, on peut donc mesurer la maturité de la pensée et de l'intelligence. Les « précoces » l'adorent et en redemandent : « Dis, t'en as pas encore ? »

Le score des « déficients » s'effondre, ils ne trouvent pas de lien entre les choses. Les enfants atteints d'une pathologie neurologique seront freinés dans la réflexion. Quant aux « dysphasiques », c'est l'épreuve verbale qu'ils réussissent le mieux car elle fait appel à l'intelligence. Ils peuvent aussi répondre brièvement, ce qui les arrange.

4. Compréhension

L'enfant doit répondre à des questions qui visent à trouver une solution à des problèmes courants ou des concepts sociaux.

— Pourquoi les magasins sont-ils fermés le dimanche ?

— Pourquoi le stationnement des voitures est-il payant ?

Ces réflexions font appel au bon sens, à l'adaptation sociale et à l'intelligence. À la différence du paramètre « similitude » celui-ci est lié au sens moral et à l'éducation parentale. Il est indépendant des connaissances scolaires.

L'épreuve est difficile pour les « dysphasiques » qui ont du mal à s'exprimer par des phrases, pour les enfants en déficit d'adaptation sociale et les psychotiques qui vivent en dehors de la réalité.

5. Vocabulaire

Il s'agit de définir des mots qui sont lus à l'enfant : « un escargot », « délimiter », « un agenda ». Le but est d'apprécier la facilité de verbaliser, de communiquer ainsi que le désir d'apprendre.

Cette partie est très scolaire, ses résultats dépendent de l'éducation familiale, de l'apport des médias et de la lecture. On y repère tout de suite les enfants qui lisent beaucoup. Les plus nombreux à chuter ici sont les « dysphasiques » et les « déficients », sauf s'ils sont encouragés par l'entourage.

6. Mémoire des chiffres

Répéter des suites de chiffres à l'endroit et à l'envers.

« 4-5-2-9... », des séries dont le nombre de chiffres varie selon l'âge de l'enfant : jusqu'à sept pour un ado. L'exercice mesure l'attention, la concentration et la mémoire immédiate. La répétition à l'envers des suites de chiffres n'est pas aisée. Elle n'est possible que grâce à une bonne représentation ou image mentale. On touche aussi du doigt la sensibilité à l'émotivité et à la fatigue.

Les « hyperactifs » échouent fréquemment ainsi que les enfants atteints d'un trouble neurologique comme l'épilepsie. Les « précoces » ne sont pas performants, ils n'y trouvent aucun intérêt.

Le chiffre global du résultat obtenu à ces épreuves verbales n'est pas ce qu'il faut retenir. En revanche ce qui va nous alerter ce sont les écarts. Chaque item est noté sur 19. Un « précoce » par exemple peut obtenir 19 en similitude et compréhension, 5 ou 6 en arithmétique et mémoire des chiffres. Un « hyperactif » va chuter en mémoire des chiffres et arithmétique, il aura de bons scores par ailleurs. Il est important de souligner également que les indicateurs de l'échec scolaire se mettront à clignoter au fil des tests en particulier sur « la mémoire des chiffres, l'information et le vocabulaire ».

L'évaluation du « QI de performances » se déroule aussi en six étapes.

1. Complètement d'images

L'enfant doit nommer ou indiquer un détail qui manque sur une image :

— une canne à pêche sans hameçon

— une partie de foot sans ballon, etc.

L'épreuve, chronométrée, mesure l'analyse visuelle, l'attention au détail, l'impact de la réalité et du concret.

Elle peut se révéler difficile pour les psychotiques, les émotifs et les enfants souffrant de phobies. En revanche, elle est souvent réussie par les « dysphasiques », car elle ne les oblige pas à nommer. Il suffit pour eux de montrer. Elle convient aux enfants dysharmoniques, particulièrement préoccupés par les objets abîmés ou imparfaits.

2. Codes

L'objectif ici est de copier des symboles associés à des chiffres. S'ensuit une liste de chiffres sous lesquels il faut indiquer le bon symbole : « § pour 2/: pour 1/+ pour 3/& pour 4… »

L'aptitude au balayage visuel permet la réussite de cette épreuve chronométrée qui renseigne aussi sur la qualité du graphisme, l'attention, la concentration, la mémoire à court terme et la coordination des yeux et du geste. Elle est édifiante sur les capacités d'apprentissage et l'investissement scolaire.

Au niveau des résultats, c'est souvent une catastrophe pour les « précoces » et les « hyperactifs ». Les « dysphasiques » s'en sortent plutôt bien alors que les enfants qui ont des problèmes neurologiques chutent. Ils sont en effet gênés par leur lenteur ou leur difficulté de coordination motrice.

3. Arrangement d'images

Une histoire, fractionnée en images présentées dans le désordre qu'il s'agit de replacer de façon logique. Chronomètre à l'appui. L'enfant montre son aisance à comprendre une situation, son organisation dans le temps et la qualité de son langage interne.

C'est l'épreuve de la partie « performances » la plus difficile pour les « dysphasiques ». Car, reconstituer l'histoire, les oblige à avoir recours au langage qui, même « interne », leur fait défaut. Elle est difficile aussi pour les enfants désorientés dans le temps.

4. Assemblage d'objets

Consiste à réaliser un puzzle chronométré : un chat, une maison, une guitare... C'est l'orientation dans l'espace qui est perçue dans l'exercice ainsi que le schéma corporel (comment l'enfant est-il dans son corps ?) et la coordination entre les yeux et le mouvement. Très importante aussi, la flexibilité de la pensée qui se révèle quand il faut revenir en arrière et tout recommencer.

Pour les « hyperactifs » et les enfants atteints de « dyspraxie », le puzzle chronométré est une gageure qu'ils ont du mal à surmonter. Même difficulté pour les psychotiques, cette épreuve étant aussi l'illustration de la maturité affective.

5. Cubes

Un test très malin. L'enfant a en mains quatre cubes de deux couleurs dont deux faces bi-colores.

Dans un temps limité, il doit essayer de reproduire en trois dimensions le modèle qui lui est proposé. L'enjeu est d'observer la perception dans l'espace, la capacité d'abstraction (comment il passe du concret à une image mentale), l'analyse, la synthèse et l'intelligence. C'est l'équivalent en « non verbal » de l'item « similitude ».

Les « précoces » s'y montrent particulièrement brillants et en général les enfants qui ont des problèmes d'orientation dans l'espace y échouent.

À ce stade il est déjà intéressant de pointer s'il y a des écarts entre deux épreuves voisines. Il est utile par exemple de comparer les paramètres « cubes » et « assemblage d'objets » pour confirmer une première idée. On peut avancer qu'un enfant qui rate les deux a un gros problème d'orientation dans l'espace. Celui qui échoue « assemblage d'objets » et réussit « cubes » connaît peut-être un problème affectif (difficultés avec le schéma corporel et l'image de soi).

6. Symboles

Rechercher un symbole dans un groupe. L'enfant a devant lui des petits dessins qui ne veulent rien dire. Il y en a trois dans la colonne de gauche et un dans la colonne de droite. La question est : « Est-ce que le dessin que tu vois dans la colonne de droite se trouve dans la colonne de gauche ? » L'épreuve est chronométrée.

Elle nous informe sur l'attention sélective qui consiste à ne pas se laisser envahir par les « distracteurs ». De façon plus fine, cette épreuve décèle le manque de coordination entre la vision et le mouvement appelée coordination visuo-motrice : le point de départ est visuel, j'agis ensuite après avoir décodé le message.

Les enfants distraits ont du mal à s'acquitter de ce test. Il en est de même pour les « dyslexiques » qui cumulent problèmes de vision et d'attention. Un peu comme dans l'épreuve des « codes », le balayage visuel est nécessaire, mais les réponses sont simplement cochées.

La comparaison de « codes » et « symboles » est instructive. Si l'enfant chute aux deux, l'hypothèse d'un problème d'attention doit être retenue. Si en revanche il chute à « codes » et réussit « symboles », on s'oriente plutôt vers une difficulté graphique, un problème d'écriture, de vitesse, et de souplesse du poignet.

7. Labyrinthe

Faire sortir un petit personnage d'un labyrinthe après un repérage visuel. Une fois que l'enfant a commencé, il ne peut revenir en arrière. À faire avec la sanction du chronomètre.

Bien sûr, ici c'est l'impulsivité qu'il s'agit de repérer. Mais aussi le geste grapho-moteur, l'écriture. Plus la capacité de planifier.

Les « hyperactifs », on s'en doute, sont pénalisés ; ils se jettent sur le dessin, se trompent et se retrouvent au point de départ. Ils sont incapables de se poser, d'anticiper et de contrôler leur impulsivité.

Les psychologues reconnaissent l'existence de profils spécifiques à certains troubles d'apprentissage. Car il y a des constantes. Ainsi, les enfants gênés par un déficit d'attention montrent volontiers des faiblesses dans les paramètres « symboles », « codes », « arithmétique » et « mémoire des chiffres ». Les insuffisances des « dyslexiques » sont fréquentes en « arithmétique », « codes », « information » et « mémoire des chiffres ». On s'aperçoit aussi que chez les « dysphasiques », les résultats aux épreuves verbales sont inférieurs à ceux des épreuves de performances d'au moins 15 points. Chez les « dyspraxiques », c'est plutôt l'inverse. Les tests de performances sont inférieurs aux tests verbaux d'au moins 15 points. Mais une fois encore, il ne s'agit pas d'une règle absolue, et chaque profil doit être absolument relu à travers l'histoire individuelle de l'enfant. Tout résultat doit être mis en perspective avec l'impression clinique du psychologue au cours du test, et interprété en fonction du contexte général.

L'évaluation du QI, bien que déterminante si elle respecte la règle de la comparaison entre les items, reste une évaluation qui en aucun cas ne saurait suffire à elle seule pour fixer un diagnostic. Elle représente néanmoins une aide précieuse, un éclairage qui nous rapproche de nos petits patients pour mieux les comprendre. Et par là mieux les aider.

Parmi les autres techniques

Évaluations neuropsychologiques :

Un certain nombre de tests permettent d'évaluer spécifiquement les fonctions cérébrales telles que l'attention, la mémoire, le langage… Ils sont effectués par des neuropsychologues, c'est-à-dire des psychologues ayant choisi cette orientation au cours de leur formation.

Ils ne doivent jamais être proposés en première intention, mais peuvent compléter un QI dont les résultats sont hétérogènes ou peu exploitables. Ils apportent une aide estimable aux orthophonistes, en particulier quand la rééducation semble moins efficace.

L'évaluation neuropsychologique des enfants hyperactifs permet de confirmer dans certains cas le déficit d'attention comme cause de l'agitation. On propose des tests tels que le stroop, le Trail Making Test, le barrage de cloches…

L'évaluation du comportement :

Elle permet d'offrir une observation objective de l'enfant.

On utilise des échelles remplies par les parents et les enseignants ; les plus utilisées sont les échelles de Conners et d'Achenbach (Child Behaviour Check List).

Si l'échelle d'Achenbach est longue et complexe (113 questions), réservée à la recherche, la version abrégée de Conners est d'utilisation simple et permet d'obtenir un profil rapidement exploitable. On estime qu'un score supérieur à 15 illustre l'impression d'hyperactivité que l'enfant a laissée à celui qui remplit l'échelle. La comparaison des scores du père, de la mère et des enseignants apporte des indices forts sur l'origine de l'hyperactivité. Si elle prédomine à l'école, c'est un signe de difficultés scolaires ou de précocité intellectuelle. À l'inverse, un comportement normal à l'école et explosif à la maison oriente vers des troubles relationnels en famille. Enfin, des scores élevés dans toutes les situations sont fortement évocateurs d'un Trouble déficit d'attention avec hyperactivité (TDAH).

QUESTIONNAIRE ABREGE DE CONNERS
POUR LES PARENTS

Nom de l'enfant :..............................
Prénom :............................
Date de naissance :........................

Questionnaire complété par : la mère ☐
le père ☐ les deux ☐
Le :.................... (date à laquelle le questionnaire est rempli)

Placer une croix dans la colonne qui décrit le mieux cet enfant (hyperactif si supérieur à 15)

Observation	pas du tout 0	un petit peu 1	Beaucoup 2	Énormément 3
1. Agité ou très actif				
2. Nerveux, impulsif				
3. Ne finit pas ce qu'il commence, attention de courte durée				

4. Toujours remuant				
5. Perturbe les autres enfants				
6. Inattentif, facilement distrait				
7. Ses demandes doivent être immédiatement satisfaites : facilement frustré				
8. Pleure souvent et facilement				
9. Changements d'humeur rapides et marqués				
10. Accès de colère, comportement explosif et imprévisible				

Conseils à l'usage des parents et des enseignants[1] : petits arrangements avec les « apprentis-sages ».

Quelles que soient les difficultés scolaires de l'enfant, on peut – on doit – proposer une solution. Une aide spécifique, choisie après une évaluation rigoureuse : rééducation orthophonique, séances de psychomotricité, consultations auprès de psychologues. Sans oublier les indispensables adaptations de l'enseignant et des parents qui s'expriment au travers d'aménagements pédagogiques et de petites astuces à utiliser au quotidien et sans modération. Pour rendre la vie plus facile. Pour que l'école cesse d'être une source de soucis et que cette compréhension affichée soit porteuse d'espoir. Ces petits arrangements avec les apprentis-sages sont simples et rapidement efficaces.

1. Voir fiches pratiques annexe 4 page 273.

Maladroit

Paul a neuf ans. Il est drôle et malin comme tout. Mais ses dessins sont pauvres, il n'arrive pas à écrire droit, ses cahiers sont raturés, mal tenus. Il ne sait pas s'y prendre avec règle, ciseaux, équerre, compas. Quant à la notion de géométrie, n'en parlons pas ! Il souffre d'une « dyspraxie ». À savoir une vraie difficulté à maîtriser et coordonner ses gestes, qui le gêne également pour écrire. Et donc le pénalise à l'école. On lui reproche sans cesse sa maladresse, sans qu'il puisse la corriger. L'enseignant doit donc en être informé afin que son regard change sur cet élève empoté et pataud, qui autrefois se serait pris des coups de règle sur les doigts ! Et pour lui, le petit miracle c'est l'ordinateur, l'outil qui lui change la vie et lui permet de prouver qu'il n'est pas si maladroit ! Car taper sur les touches d'un clavier ne fait pas appel aux mêmes compétences, c'est pourquoi il est aussi facilement accessible aux enfants dès le plus jeune âge.

En classe et à la maison, inutile d'en rajouter pour ne pas braquer l'enfant sur ses difficultés : au lieu d'encourager ou de féliciter exagérément des « progrès » à peine sensibles en dessin ou en graphisme, il est préférable de déplacer les centres d'intérêt et de valoriser plutôt ses connaissances, son langage, son raisonnement, sa logique. Ne pas oublier que c'est à l'oral qu'il peut prendre sa revanche ! Dans les contrôles, il est donc crucial pour lui de pouvoir montrer ses aptitudes dans le domaine verbal. Sachant qu'il peut apprendre plus facilement l'orthographe oralement, il ne faut pas hésiter à lui faire épeler et répéter les mots d'usage. Idem quant à leur étymologie.

Car, pour l'instant, l'écrit doit lui être épargné autant que possible. Dans ce but, on doit proposer des exercices « à trous », l'exempter des phrases longues et coûteuses en énergie et se contenter de vérifier qu'il connaît les mots isolés. Lui éviter une bonne fois pour toutes l'épreuve de la recopie, son cauchemar ! Il est plus judicieux de lui fournir des photocopies de bonne qualité, c'est-à-dire comportant des contrastes et une présentation claire. On peut aussi scanner les textes sur lesquels la classe va travailler. Et pour en finir avec le casse-tête du cahier de textes illisible ou vierge de tous devoirs pour le lendemain, l'astuce est de désigner un « secrétaire » au sein de la classe qui va se charger de le remplir pour lui. Privilégier le fond et tolérer la forme, le conseil s'adresse également aux parents.

Agité

Ryan, quant à lui, n'a pas de difficultés avec le graphisme. Il aurait plutôt tendance à ne pas tenir en place. Que l'enseignant qui n'a jamais eu d'élève hyperactif dans sa classe lève le doigt ! Que les parents qui ont répété à l'envi « calme-toi ! » se reconnaissent !

Inutile dans ce cas de s'épuiser à contraindre l'enfant à ne pas bouger, il en est incapable. À cause d'un déficit d'attention qui l'empêche de se maintenir sur une seule activité et le condamne à zapper sans cesse. L'idée pour résoudre l'équation agitation/apprentissages est de tolérer les débordements mineurs. En somme, soulever de temps en temps le couvercle de la cocotte-minute : l'autoriser à bouger en travaillant mais sans quitter sa place. Être encore plus tolérant à la cantine afin que le moment du repas soit pour lui une « vraie » détente. Accepter qu'il récite sa poésie à la maison en tournant autour de la table de la salle à manger. On sait qu'il n'est jamais concentré plus de quinze à vingt minutes. Il faut donc fractionner les temps de travail, y compris au collège. Le motiver pour une séance de vingt minutes, c'est tolérable. Un break de dix minutes, et on recommence. Et pour ne pas encourager son esprit vagabond lorsqu'il doit travailler, il est impératif de le placer dans des endroits choisis, sans trop de sources de distraction : un bureau le moins encombré possible, à l'écart de la télé ou de l'ordinateur, avec du matériel à portée de main le plus « soft » du marché. Éviter par exemple la gomme Mickey, la trousse Pokémon ou le stylo laser de la Guerre des Étoiles… Et à l'école : d'office le premier rang, au pied du tableau, face au regard de l'enseignant, pour bien capter son attention.

Étourdi

Du fait de son manque d'attention, Ryan fait aussi de nombreuses fautes, bêtes. En revanche, il multiplie les ratures car il est tout à fait capable de corriger après-coup. Il faut donc lui permettre cette auto-correction, l'autoriser à effacer et à reprendre. Ce qui implique aussi de lui accorder un peu plus de temps lors des épreuves. Pour éviter de le stigmatiser, il est préférable de supprimer une question de l'exercice et diminuer ainsi l'ampleur de la tâche afin qu'il fasse moins, mais mieux.

Et puis inutile de lui reprocher sans cesse de ne pas suivre, c'est courant chez lui de prendre le train en marche ! Alors pour s'assurer qu'il est en phase avec ce qui se déroule en classe, il est préférable de lui donner des consignes courtes. Et même de les lui communiquer l'une après l'autre. C'est ainsi qu'il ne faut jamais hésiter à expliquer et réexpliquer. Sans relâche ! Car s'il donne l'impression de ne pas s'intéresser, il ne le fait pas exprès. Il est distrait... de façon maladive. Il va sans dire qu'on doit lui pardonner son manque d'organisation, car lui demander de ranger a peu de sens pour lui. Il faut lui « apprendre à apprendre » et éviter de le sanctionner pour ses oublis. L'encourager à faire régulièrement la « check list » du contenu de son cartable... une façon de l'aider à limiter les dégâts !

A du mal en dictée

Le problème de Jimmy, c'est l'orthographe. Le premier coup de main à lui apporter est de « passer » sur certaines fautes. Tout en les lui signalant bien sûr ! Cette indulgence va permettre à l'élève noyé dans la syntaxe de sortir la tête hors de l'eau de temps en temps. De même, privilégier les dictées courtes ou « à trous » peut l'aider à se sentir moins nul. Et surtout pour l'encourager à aimer l'école, adapter l'échelle de notation des évaluations. En effet, comme il accumule les fautes d'orthographe, il est coutumier du zéro. Ce qui finalement le récompense bien mal de l'effort qu'il fournit pour remonter la pente. Or il se rendra mieux compte de ses progrès si ses notes traduisent plutôt le *nombre* ou le *pourcentage* d'erreurs : il peut passer ainsi de 25 à 22 fautes au lieu d'avoir chaque fois zéro… Encourageant ! Et si possible, bannir le terme « fautes », trop culpabilisant. Lui préférer celui d'« erreurs ». Ce n'est d'ailleurs pas un hasard si l'on dit toujours « fautes d'orthographe » et « erreurs de calcul ». Historiquement l'incapacité à lire ne permettait pas d'avoir accès à la Bible. Déjà un péché !

Ne lit pas assez bien

Mais Jimmy a aussi du mal en lecture. D'autres astuces sont là pour l'aider à ne pas renoncer. Il ne faut pas oublier qu'un écrit pour lui c'est du charabia ! Une masse informe et diluée. Par conséquent, il faut lui mettre sous les yeux des textes en gros caractères, parfaitement aérés, alignés et réguliers. Il est même conseillé de les scanner si possible et d'augmenter la taille des interlignes.

Et pour que l'enfant ne perde pas son énergie à trouver son chemin dans les pages, il est important d'identifier le début des lignes. Marquer par exemple la marge gauche d'un livre par une colonne verte. Surligner chaque ligne alternativement avec des fluos de couleurs différentes. Le souci d'une présentation claire doit être constant et dans tous les domaines : veiller à lui proposer un exercice par page, choisir une typographie simple, structurée et toujours la même pour qu'il s'y retrouve. Dans le même ordre d'idées, il faut lui éviter la multiplication et l'éparpillement des informations sur un même support. Comme le mur de la classe ou le tableau qui peuvent vite devenir pour lui de grandes fresques abstraites. Tout ce qui est mise en page « insolite » risque aussi de lui passer au-dessus de la tête.

Pour lui épargner les moqueries de ses petits camarades, mieux vaut lui éviter de lire à haute voix, sauf bien sûr s'il le souhaite. Il est indispensable aussi, pour ne pas le pénaliser trop injustement, de doubler oralement les consignes écrites. De lui lire les énoncés des problèmes. Afin d'écarter l'éventualité d'une mauvaise interprétation de l'énoncé due à une lenteur ou à des erreurs de déchiffrage. Inutile de l'enfoncer davantage s'il fait un blocage sur les tables de multiplication. Le conseil est de faire sauter le verrou en l'autorisant à les avoir sous les yeux lors des exercices.

Afin qu'il progresse dans ses apprentissages, il est recommandé de le faire travailler à l'oral le plus souvent possible. Et d'énoncer les questions avant de lui soumettre un texte à étudier. L'enfant va ainsi gagner du temps. À l'aide de surligneurs de différentes couleurs, il pourra dès la première lecture repérer les extraits se rapportant à chaque question.

La lecture le rebute car il n'y accède pas. Il faut donc l'aider à apprivoiser ce monde dont les portes lui sont pour l'instant fermées. Le remède est de lire régulièrement pour lui à la maison. C'est un rendez-vous qu'il va ensuite réclamer. Preuve qu'il aime la lecture ! Faire appel à des livres-cassettes et vidéos qui vont lui permettre d'apprendre autrement, par l'image, l'écoute ou encore grâce au support de la musique. Très efficace aussi, l'enregistrement lent et bien articulé de petites histoires, que l'enfant écoute en suivant le texte des yeux.

Si le besoin se fait sentir d'un complément à la maison et en accord avec l'enseignant, choisir de préférence des ouvrages simples et particulièrement adaptés aux enfants en difficulté[1] où le b.a.-ba s'apprend à l'aide de couleurs et de repères qui facilitent la mémoire visuelle.

Précoce

Ulysse n'a pas tous ces problèmes. Lui, il comprend vite. Trop vite peut-être. Et décroche immédiatement au risque de se faire rappeler à l'ordre. Mais sa compréhension fulgurante le prive d'un raisonnement structuré. Et pour l'aider à assimiler, il faut lui demander sans cesse d'expliquer comment

1. La très classique *Méthode Boscher ou la journée des tout-petits*, Belin, 2003 ou le manuel *Lire avec Léo et Léa*, Belin, 2004.

il procède pour trouver le bon résultat. Sans oublier qu'il a toujours besoin d'entrer dans la nouveauté. Alors pour le « nourrir », il faut l'accompagner sur l'ordinateur quand il est petit, ou feuilleter un Atlas avec lui pour approfondir la leçon du jour. Et surtout, se garder de la tentation de se lancer dans le programme de la classe supérieure ! Une erreur qui ne ferait que reporter son ennui à l'année suivante !

De façon générale, quand un élève se démarque en classe en raison de difficultés qui échappent à son contrôle, il faut essayer de ne pas le dégoûter à tout jamais de l'école. Il est simple de lui tendre la main et de valoriser ses efforts et ses progrès. On sait aussi qu'entre eux les enfants sont parfois cruels et que les réputations sont vite taillées. Attention donc aux moqueries et aux ricanements quand « comme d'habitude », tombe la plus mauvaise note sur celui qui se sent condamné à rester nul.

Pour l'aider à remonter son image et éviter l'effondrement de l'estime qu'il a de lui-même, il faut le sortir de l'ombre avec un exercice au tableau dans lequel il pourra épater les autres. L'intérêt du travail en groupe n'est pas à négliger, un système de tutorat peut même être envisagé : quelqu'un dans la classe qui le prend sous son aile et lui donne le coup de main dont il a besoin quand il commence à couler. Surtout éviter de laisser sur le bord de la route l'enfant qui ne suit pas le mouvement. Porter sur lui un regard bienveillant, et l'accueillir avec ses différences.

Conclusion
Leur offrir une nouvelle chance

« *Le but de l'instruction, c'est la fin de l'instruction, c'est-à-dire l'invention.* »

Le Tiers instruit, Michel Serres

Les causes d'échec scolaire sont multiples. Souvent sociologiques. Luc Ferry[1] rapporte qu'après la « massification » des bancs de l'école, la méthode globale et la télé, il reste une quatrième cause : « L'individualisme moderne qui provoque l'érosion du respect pour les héritages et la langue maternelle... il entraîne ainsi la perte de repères. »

À nous, médecins, il appartient d'explorer une autre voie, celle des causes individuelles. Ces causes qui échappent au contexte social. Pour nous, chaque enfant est différent, avec ses points forts, ses maillons faibles aussi. À repérer, vite. Pour les

1. Luc Ferry, *Comment peut-on être ministre ? Essai sur la gouvernabilité des démocraties*, Plon.

« retricoter », délicatement. Selon Boris Cyrulnik[1] : « Le tricot sera porteur d'une lacune ou d'un maillage particulier qui dévie la suite du maillot. Il peut redevenir beau et chaud, mais il sera différent. »

L'enjeu est énorme. Parcours scolaire et développement de la personnalité sont indissociables, et s'entrechoquent sans cesse, inévitablement... En ratant son rendez-vous avec l'école, l'enfant risque de compromettre son rapport avec les autres, avec la vie. En tout cas, de se la compliquer.

Pourtant, certaines règles simples permettent d'éviter une catastrophe annoncée. Comme bannir définitivement le « quand tu veux, tu peux ! », se rappeler que « des parents rassurés, c'est rassurant ». Et surtout, tracer dès que possible le profil spécifique de l'enfant. L'aider à identifier ses difficultés, à apprivoiser son trouble pour mieux le combattre. Voire transformer ses « handicaps » en avantages, ses obstacles en tremplin.

Et s'il y a un secret, il est bien là. Ne pas s'obstiner à vouloir « guérir » tout de suite, comme le demandent les parents soucieux. Ni se dire : « un jour, ça ira mieux... », le dos courbé, en attendant que la tempête passe. Non, c'est la trajectoire de l'enfant qui compte. Et ce chemin qu'il emprunte chaque jour, nous devons le lui rendre praticable. Car le bonheur n'est pas seulement au bout du tunnel, le bonheur c'est maintenant.

1. Boris Cyrulnik, *Les Vilains Petits Canards*, Odile Jacob.

L'enfant en difficulté doit se sentir compris, aimé malgré tout, jamais rejeté. Unique condition pour résilier son contentieux avec les apprentissages. Pour se réconcilier avec l'école, et avec lui-même, il doit pouvoir compter sur une main tendue. À la maison, à l'école, en consultation. Parfois, pour apaiser le petit canard, il suffira d'un cygne…

Ainsi, adossé à des adultes bienveillants, supporté par une famille compréhensive, l'enfant peut progresser… enfin ! Guérir de l'échec scolaire. Se sentir comme les autres et repartir.

Après un faux départ, offrons-lui une nouvelle chance…

[illegible] en difficulté doit se sentir compris, aime [illegible] condition pour [illegible] avec les apprentissages [illegible] il suffira [illegible] bien [illegible] peut [illegible]

Postface

J'ai régulièrement de bonnes nouvelles d'Antoine, Eliott, Malik et les autres. Bien sûr, ils sont restés les mêmes, ce mélange de notes discordantes et d'accords parfaits. Mais quel chemin parcouru !

Pour comprendre pourquoi apprendre était si difficile. Et découvrir l'école, celle qui fait moins peur et qui peut même donner envie de réussir... Des enfants désorientés, devenus suffisamment forts. Pour affronter chaque nouvelle rentrée : une nouvelle maîtresse, de nouveaux amis, un nouveau collège... bref, un univers sans cesse renouvelé et où on ne sait peut-être pas encore que l'échec scolaire peut se soigner...

Annexes

1. L'enseignement spécialisé

Les classes d'intégration scolaire (CLIS) « accueillent des élèves présentant un handicap mental, auditif, visuel ou moteur, mais ne pouvant tirer profit, en milieu scolaire ordinaire, d'une scolarité adaptée à leur âge, à leurs capacités, à la nature et à l'importance de leur handicap ». Elles existent officiellement depuis 1991, et leur vocation est de regrouper dix à quinze élèves en difficulté dans une même classe au sein d'une école ordinaire. Elles sont confiées à des enseignants et des animateurs spécialisés, ne concernent que le premier degré et comptaient 37 000 élèves en 2002-2003, 37 584 en 2004-2005 (France métropolitaine, et public-privé confondus).

Après leur scolarisation dans des CLIS, les élèves rejoignent des structures comme les établissements « médico-éducatifs » sous tutelle du ministère de la Santé. Quand ils sont en grande difficulté scolaire et sociale ce sont des sections d'enseignement général et professionnel adapté (SEGPA), intégrées dans des collèges, qui les reçoivent (plus de 100 000 élèves en

2003-2004). Les autres, relevant du handicap « déficience intellectuelle légère », poursuivent leur scolarité du secondaire dans les UPI (Unités pédagogiques d'intégration). Créées en 1997, elles sont l'équivalent des CLIS dans les collèges et regroupaient 3 200 élèves en 2003-2004 (filles et garçons, public-privé confondus, pour la France métropolitaine et les DOM).

2. Elsa

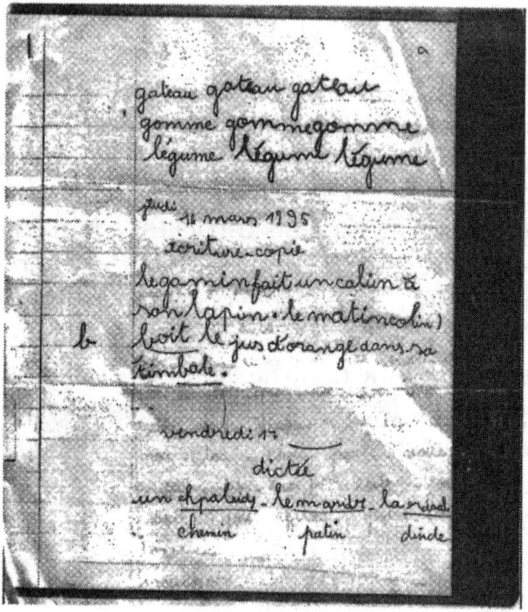

Le jeudi, Elsa copie parfaitement les mots écrits au tableau. Le vendredi, elle est incapable de réussir une dictée de mots, montrant ainsi qu'elle ne peut pas décrypter les mots qu'elle entend.

3. Conférence consensus de l'ANAES (Agence nationale d'accréditation et d'évaluation en santé) en 1995

« Seuls les tableaux sévères et durables de dépressions majeures, entravant le fonctionnement psychosocial, faisant courir des risques vitaux au sujet, non ou peu réactif aux interventions psychothérapiques, justifieraient la prescription d'antidépresseurs. »

Dix ans après, le 25 avril 2005, selon l'AFSSAPS (Agence française de sécurité sanitaire des produits de santé)

« Dans un premier temps, le traitement de la dépression de l'enfant et de l'adolescent est une prise en charge psychothérapique. Cependant, bien que leur prescription soit déconseillée, votre médecin peut dans certains cas estimer nécessaire le recours à un médicament antidépresseur. »

4. Fiches pratiques pour les enseignants

Le déficit d'attention

— avoir des exigences simples et claires

— tolérer les débordements mineurs (bouger en travaillant)

— privilégier les séances de travail courtes

— le placer devant, limiter les sources de distraction

— lui permettre les ratures (autocorrections)

— lui laisser du temps supplémentaire, réduire les tâches

— privilégier les exercices à trous

— en dictée, lui apprendre à faire plusieurs relectures : une pour les majuscules, une pour la ponctuation, une pour les pluriels, etc.

— ne pas pénaliser systématiquement les oublis de matériel

La dyslexie et la dysorthographie

— ne pas pénaliser les fautes d'orthographe

— l'interroger de préférence à l'oral

— éviter de le faire lire à voix haute

— lui épargner la recopie (cours dactylographiés ou photocopies du cours d'un camarade)

— lui laisser du temps supplémentaire : temps de relecture et autocorrections

— lui permettre d'utiliser le traitement de texte avec correcteur orthographique

— faire preuve d'indulgence face aux difficultés rencontrées en anglais

— en mathématiques et en histoire, privilégier les supports visuels et les code-couleurs

— adapter le système de notation : opter par exemple pour le pourcentage d'erreurs

La dyspraxie

— faire preuve d'indulgence face à son retard graphique

— minimiser ses difficultés en géométrie

— le faire bénéficier d'un ordinateur

— valoriser ses connaissances, son langage, son raisonnement, sa logique

— lui apprendre l'orthographe oralement

— lui épargner l'écrit dans les contrôles

— désigner un camarade de classe pour noter les devoirs

Glossaire

Convention d'intégration : contrat établi entre l'école, la famille, les rééducateurs et les médecins afin de proposer un enseignement adapté à l'enfant.

Dépression : trouble de l'humeur persistant, au-delà de la tristesse qui, elle, est une expérience normale et nécessaire.

Dysharmonie : décalage entre les acquisitions.

Dyslexie : trouble durable de l'apprentissage de la lecture.

Dysorthographie : trouble de l'acquisition des règles d'orthographe.

Dysphasie : trouble durable de l'acquisition de la parole et du langage.

Dyspraxie : trouble du geste et de la coordination motrice, maladresse.

Hyperactivité : agitation motrice désordonnée et incontrôlable.

Phobie scolaire : peur irrationnelle de se rendre à l'école.

Précocité intellectuelle : aptitude intellectuelle particulière, associée à une extrême sensibilité.

Psychodrame : jeu qui permet aux enfants de mettre en scène des épisodes de la vie réelle ou d'inventer des histoires imaginaires, dont l'analyse met en évidence les émotions et les souvenirs oubliés.

Psycho-stimulants : médicaments qui augmentent la vigilance.

QI : évaluation de l'intelligence.

Tests de personnalité : évaluations du fonctionnement affectif.

Thérapies cognitivo-comportementales : techniques ciblées sur les comportements pathologiques et les méthodes pour les modifier.

TOC : idées obsédantes qui assiègent la pensée, souvent calmées par des rituels plus ou moins gênants.

Adresses utiles

Précocité Intellectuelle

AFEP

Association Française pour les Enfants Précoces
13 bis, rue Albert Joly
78110 Le Vésinet
Tél. : 01 34 80 03 90
www.afep.asso.fr

ANPEIP

Association Nationale Pour les Enfants Intellectuellement Précoces
7, rue de Providence
06300 Nice
Secrétariat général : 04 79 28 32 60 – 06 63 13 60 43
Permanence : 04 93 92 10 53
www.anpeip.org fede@anpeip.org

AE-HPI

Association pour l'épanouissement des Enfants à Haut Potentiel Intellectuel
BP 35
78172 La Celle Saint-Cloud cedex

Tél. : 01 30 82 49 23
www.ae-hpi.com

Hyperactivité

AFPEDAH

Association Française de Parents d'Enfants avec Déficit d'Attention/Hyperactivité
10, rue de la Résistance
28110 Lucé
www.egroups.fr

HyperSupers — TDAH France

37, rue des Paradis
95410 Groslay
Tél. : 01 34 28 70 36 ou 06 19 30 12 10
www.tdah-france.fr

Hyperactivité SOS Genève (Suisse)

www.hypsos.ch

Hyperactivité et troubles associés (Belgique)

http://users.pandora.be/scarlett

Troubles d'apprentissage

CORIDYS

44, rue Poussin
75016 Paris
Secrétariat : 7, avenue Marcel-Pagnol
13090 Aix en Provence
Tél. : 04 42 95 17 96
www.coridys.asso.fr

APEDA- France

Association française de Parents d'Enfants en Difficulté d'Apprentissage
3 bis, avenue des Solitaires

78320 Le Mesnil
Tél. : 01 34 61 96 43

APEDYS
Association de Parents d'Enfants Dyslexiques
26, rue du Val d'Aran
31170 Tournefeuille
Tél. : 05 56 95 74 58
www.apedys.fr

Avenir Dysphasie
142, avenue Foch
78100 St-Germain-en-Laye
Tél. : 01 34 51 28 26
www.avenir-dysphasie.asso.fr

DYSLEXIA
274, boulevard Raspail
75014 Paris
Tél. : 01 43 35 31 05
www.dyslexia.fr

Dyspraxique mais Fantastique
8, chemin des Eycellets
30150 Montfaucon
Tél. : 06 16 74 96 38
www.dyspraxie.info
www.dyspraxie.org

TOC

AFTOC
12, route de Versailles
78117 Chateaufort
Tél. : 01 39 56 67 22
www.aftoc.fr.st

Pour en savoir plus :
Publications scientifiques de l'auteur

Hyperactivité

REVOL O., « THADA : aspects cliniques, diagnostiques et thérapeutiques », *ANAE*, 1999, 53-54, p. 120-122.

REVOL O., FOURNERET P., « Approche diagnostique d'un enfant instable », *Revue du praticien*, tome 52, n° 18, 2002, p. 1993-1998.

REVOL O., « THADA : rôle du psychiatre d'enfant », in *L'État des connaissances*, Signes éditions, 2004, p. 69-73.

Précocité

REVOL O., LOUIS J., FOURNERET P., « Les troubles du comportement de l'enfant précoce », *ANAE*, 2003, 73, p. 159-163.

REVOL O., FOURNERET P., « L'enfant précoce : signes particuliers », *Neuropsychiatrie de l'enfance et de l'adolescence*, 2004, vol. 52, n° 3, p. 148-153.

REVOL O., « L'échec scolaire chez l'enfant précoce », in *L'État des connaissances*, Signes éditions, 2004, p. 79-84.

REVOL O., BERTHIER A., ABBOU-SHAHEEN A., FOURNERET P., « Les troubles du comportement de l'enfant précoce », *Revue du praticien*, 2006, sous presse.

Enfants « Dys »

REVOL O. et al., « L'enfant gaucher », *Tempo Médical*, 1988, 319, p. 13-20.

BAPTISTE C., REVOL O., « Prise en charge de la dyslexie en 2000 : enquête transversale chez 714 enfants en France », *ANAE*, 2001.

REVOL O., « L'enfant dysphasique et l'école », *ANAE*, numéro spécial, 2000.

TOC

FOURNERET P., REVOL O., « De Tics en TOC chez l'enfant », *Archives de pédiatrie*, 2003, 10 (5), p. 464-465.

FOURNERET P., REVOL O., « Approche diagnostique des TOC chez l'enfant », *Archives de pédiatrie*, 2004, 11, p. 485-489.

Dysharmonie

REVOL O., FOURNERET P., « Les dysharmonies d'évolution », in *Actes du congrès de l'AFPA*, Clermont-Ferrand, 21 juin 2003, cahier n° 7, p. 82-86.

FOURNERET P., BOUTIERE C., REVOL O., « Trouble hyperactif avec déficit d'attention ou dysharmonie d'évolution ? Soyons sûrs », *Archives de Pédiatrie*, 2005.

Dépression

Revol O. et al., « La dépression de l'enfant », *Archives de Pédiatrie*, 1994, 6, p. 95.

Revol O., Desombre H., « La dépression de l'adolescent », in *Actualités en psychiatrie de l'enfant et de l'adolescent*, Flammarion, 2002.

Psychotropes

Revol O., « Les psychotropes au long cours chez l'enfant », *Perspectives psychiatriques*, 1988, 15, p. 337-352.

Revol O., « Indications et limites des psychotropes chez l'enfant », Neuro-Psy, 1990, 5, p. 5.

Table des matières

Bien-être, des livres qui vous font du bien

Psychologie, santé, sexualité, vie familiale, diététique... : la collection Bien-être apporte des réponses pratiques et positives à chacun.

Psychologie

Thomas Armstrong • Sept façons d'être plus intelligent -n° 7105

Jean-Luc Aubert et Christiane Doubovy • Maman, j'ai peur – Mère anxieuse, enfant anxieux ? - n° 7182

Anne Bacus et Christian Romain • Libérez votre créativité ! - n° 7124

Anne Bacus-Lindroth • Murmures sur l'essentiel – Conseils de vie d'une mère à ses enfants - n° 7225

Simone Barbaras • La rupture pour vivre - n° 7185

Martine Barbault et Bernard Duboy • Choisir son prénom, choisir son destin - n° 7129

Doctor Barefoot • Le guerrier urbain - n° 7359

Deirdre Boyd • Les dépendances - n° 7196

Nathaniel Branden • Les six clés de la confiance en soi - n° 7091

Sue Breton • La dépression - n° 7223

Jack Canfield et Mark Victor Hansen •
Bouillon de poulet pour l'âme - n° 7155
Bouillon de poulet pour l'âme 2 - n° 7241
Bouillon de poulet pour l'âme de la femme *(avec J.R. Hawthorne et M. Shimoff)* - n° 7251
Bouillon de poulet pour l'âme au travail - *(avec M. Rogerson, M. Rutte et T. Clauss)* - n° 7259

Kristine Carlson • Ne vous noyez pas dans un verre d'eau... à l'usage des femmes - n° 7487

Richard Carlson •
Ne vous noyez pas dans un verre d'eau - n° 7183
Ne vous noyez pas dans un verre d'eau... en famille ! - n° 7219
Ne vous noyez pas dans un verre d'eau... en amour ! *(avec Kristine Carlson)* - n° 7243
Ne vous noyez pas dans un verre d'eau... au travail - n° 7264
Ne vous noyez pas dans un verre d'eau... à l'usage des hommes - n° 7718
Ne vous noyez pas dans un verre d'eau... à l'usage des couples - n° 7884

Steven Carter et Julia Sokol • Ces hommes qui ont peur d'aimer - n° 7064

Chérie Carter-Scott •
Dix règles pour réussir sa vie - n° 7211
Si l'amour est un jeu, en voici les règles - n° 6844

Loly Clerc • Je dépense, donc je suis ! - n° 7107

Guy Corneau •
N'y a-t-il pas d'amour heureux ? - n° 7157
La guérison du cœur - n° 7244
Victime des autres, bourreau de soi-même - n° 7465

Lynne Crawford et Linda Taylor • La timidité - n° 7195

Dr Henri Cuche •Je vais craquer - n° 7850

Sonia Dubois • Coachez vos vies - n° 7739

Dr Christophe Fauré • Vivre le deuil au jour le jour - n° 7151

Thierry Gallois • Psychologie de l'argent - n° 7851

Dr Christian Gay et Jean-Alain Génermont • Vivre avec des hauts et des bas - n° 7024

Daniel Goleman •
L'intelligence émotionnelle - n° 7130
L'intelligence émotionnelle 2 - n° 7202

John Gray • Les hommes viennent de Mars, les femmes viennent de Vénus - n° 7133
Une nouvelle vie pour Mars et Vénus- n° 7224
Mars et Vénus, les chemins de l'harmonie - n° 7233
Mars et Vénus, 365 jours d'amour - n° 7240
Les enfants viennent du paradis - n° 7261
Mars et Vénus ensemble pour toujours - n° 7284
Mars et Vénus au travail - n° 6872
Mars et Vénus - Petits miracles au quotidien - n° 6930
Mars et Vénus se rencontrent - n° 7360

Marie Haddou •
Savoir dire non - n° 7178
Avoir confiance en soi - n° 7245
Halte au surmenage - n° 7278

James Hillman •
Le code caché de votre destin - n° 7256
La force du caractère - n° 6477

Evan Imber-Black • Le poids des secrets de famille - n° 7234

Sam Keen •
Être un homme - n° 7109
Aimer et être aimé - n° 7262

Dr Barbara Killinger • Accros du boulot - n° 7116

Dr Gérard Leleu •
De la peur à l'amour - n° 7026
Amour et calories - n° 7139
La fidélité et le couple - n° 7226
L'intimité et le couple - n° 7260

L'écologie de l'amour - n° 7275
L'art de bien dormir à deux - n° 7467

Patrick Lemoine • Séduire- n° 7753

Jean-Claude Liaudet •
Dolto expliquée aux parents - n° 7206
La psychanalyse sans complexes - n° 7270
Telle fille, quel père ? - n° 7466

Ursula Markham •
Le deuil - n° 7230
Les traumatismes infantiles - n° 7231

Bernard Martino • Le bébé est une personne - n° 7094

Pia Mellody • Vaincre la dépendance - n° 7013

Yannick Noah • Secrets, etc. - n° 7150

Robin Norwood •
Ces femmes qui aiment trop – 1 - n° 7020
Ces femmes qui aiment trop – 2 - n° 7095

Armelle Oger • Et si l'on changeait de vie - n° 7258

Dr Xavier Pommereau • Quand l'adolescent va mal - n° 7147

Dr Henri Rubinstein • La dépression masquée - n° 7214

Jacques Salomé •
Papa, maman, écoutez-moi vraiment- n° 7112
Apprivoiser la tendresse - n° 7134

Elaine Sheehan • Anxiété, phobies et paniques - n° 7213

Barbara Sher et Barbara Smith • Vous êtes doué et vous ne le savez pas - n° 7141

Mariette Strub • Comment le dire ? - n° 7913

Nita Tucker • Le grand amour pour la vie - n° 7099

Jean-Didier Vincent • Le cœur des autres - n° 7752

Isabelle Yhuel •
Mère et fille, l'amour réconcilié - n° 7161
Quand les femmes rompent - n° 7201

Santé

R. Aron-Brunetière • La beauté et les progrès de la médecine - n° 7006

Joanna Bawa • Santé et ordinateur : le guide quotidien - n° 7207

Dr Martine Boëdec • L'homéopathie au quotidien - n° 7021

Dr Jacques Boulet • Se soigner par l'homéopathie - n° 7165

Julia Buckroyd • Anorexie et boulimie - n° 7191

Dr Jean-Pierre Cahané et Claire de Narbonne • Nourritures essentielles - n° 7168

Dr Laurent Chevallier, Danielle Verdié-Petibon • Soigner l'arthrose - n° 7885

Jean-Pierre Clémenceau • Belle et mince après bébé - n° 8207

Chantal Clergeaud • Un ventre plat pour la vie - n° 7136

Bruno Comby • Libérez-vous du tabac ! - n° 7012

Dr Lionel Coudron •
Stress, comment l'apprivoiser - n° 7027
Mieux vivre par le yoga - n° 7115

Dr David Élia •
Comment rester jeune après 40 ans Version femmes - n° 7111
Le bonheur à 50 ans - n° 7184
50 ans au naturel - n° 6828

Pierre Fluchaire •
Bien dormir pour mieux vivre - n° 7005
Plus jamais fatigué ! - n° 7015

Claire Fontaine • Vivre ! - n° 7218

Sylvia Gaussen • Le guide de l'après-accouchement - n° 7673

Nicole Gratton • Les secrets de la vitalité - n° 7634

Dr Pierrick Hordé •
Allergies, le nouveau fléau ? - n° 7248
Le guide des allergies aux pollens - n°7965

Arthur Janov • Le corps se souvient - n° 7257

Chris Jarmey • Le shiatsu - n° 7242

Dr Michel Lecendreux • Le sommeil - n° 7280

Dr Gérard Leleu • Le traité du plaisir - n° 7093

Claudie Lepage • Le nouvel âge d'or de la femme - n° 7274

Antoine Lorcy • Rester jeune - n° 8035

Maurice Mességué • C'est la nature qui a raison - n° 7028

Dr Sylvain Mimoun • Des maux pour le dire - n° 7135

Peter Mole • L'acupuncture - n° 7189

Paule Neyrat • Les vertus des aliments - n° 7265

Lionelle Nugon-Baudon et Évelyne Lhoste • Maisons toxiques - n° 7229

Pierre et Florence Pallardy • La forme naturelle - n° 7007

Jean-Yves Pecollo •
La sophrologie - n° 3314
La sophrologie au quotidien - n° 7101

Vicki Pitman • La phytothérapie - n° 7212

Jocelyne de Rotrou •
La mémoire en pleine forme - n° 7087
La tête en pleine forme - n° 7199

Josette Rousselet-Blanc • La beauté à l'ancienne - n° 7670

Josette et Vincent Rousselet-Blanc • Les remèdes de grands-mères - n° 7272

Dr Hubert Sacksick • Les hormones - n° 7205

Jon Sandifer • L'acupression - n° 7204

Béatrice Sauvageot et Jean Métellus • Vive la dyslexie ! - n° 7073

Debbie Shapiro • L'intelligence du corps - n° 7208

Sidra Shaukat • La beauté au naturel - n° 7222

Rochelle Simmons • Le stress - n° 7190

André Van Lysebeth • J'apprends le yoga - n° 7197

Dr Andrew Weil •
Huit semaines pour retrouver une bonne santé - n° 7193
Le corps médecin - n° 7210
Le guide essentiel de la diététique et de la santé - n° 7269

Sexualité

Régine Dumay •
Comment bien faire l'amour à une femme - n° 7227
Comment bien faire l'amour à un homme - n° 7239

Céline Gérent • Savoir vivre sa sexualité - n° 7014

John Gray • Mars et Vénus sous la couette - n° 7194

Shere Hite • Le nouveau rapport Hite - n° 7294

Dr Barbara Keesling •
Comment faire l'amour toute la nuit - n° 7140
Le plaisir sexuel - n° 7170

Brigitte Lahaie •
Les chemins du mieux-aimer - n° 7128
L'amour et le couple - n°8003

Dr Gérard Leleu •
Le traité des caresses - n° 7004
Le traité du désir - n° 7176

Dagmar O'Connor • Comment faire l'amour à la même personne... pour le reste de votre vie- n° 7102

Jean Paccalin • Une pilule nommée désir - n° 7180

Martin Winckler • Contraceptions mode d'emploi - n° 8248

Isabelle Yhuel • Les femmes et leur plaisir - n° 7268

Vie familiale

Edwige Antier •
J'aide mon enfant à se concentrer - n° 7232
L'enfant de l'Autre - n° 7250
Éloge des mères - n° 7283
Confidences de parents - n° 7293
Vive l'éducation ! - n° 7716
J'aide mon enfant à s'épanouir - n°8105

Françoise Civeyrel • Consommez bien. Dépensez mieux - n° 7098

Brigitte-Fanny Cohen • Un bébé mais pas à tout prix - n° 6859

Dr Julien Cohen-Solal •
Comprendre et soigner son enfant – I- n° 7096
Comprendre et soigner son enfant – II - n° 7097
Être heureux à l'école ? - n° 7173
Les deux premières années de la vie - n° 7203

Carolyn Pape Cowan et Philip A. Cowan • 1+1 = 3 - n° 7065

Shakuntala Devi • Éveillez le génie qui est en votre enfant - n° 7277

Sherrie Eldridge • Parents de cœur - n° 7964

Sylvia Gaussen • Après l'accouchement - n° 7673

Brigitte Hemmerlin • Maman Solo - n° 7100

Tracy Hogg • Les secrets d'une charmeuse de bébés - n° 6970

Harry Ifergan et Rica Etienne •
6-12 ans, l'âge incertain - n° 6478
Mais qu'est-ce qu'il a dans la tête ? -n° 7271

Vicki Iovine • Grossesse, le guide des copines - n° 7176

Pr Philippe Jeammet• L'adolescence - n° 6971

Hélène de Leersnyder • Laissez-les faire des bêtises -n° 7106

Élisabeth Lesne • Papa, maman, on m'a traité de gros - n° 7511

Gerry Marino et Francine Fortier • La nouvelle famille - n° 7122

Bernard Martino • Le bébé est un combat - n° 7181

Heather Noah • S'épanouir en attendant bébé - n° 7252

Nancy Samalin •
Savoir l'entendre, savoir l'aimer - n° 7062
Conflits parents-enfants - n° 7198
Amour et autorité, les repères - n°8036

Philippe Scialom • Pièges à parents - n° 7595

Chantal de Truchis-Leneveu • L'éveil de votre enfant - n° 7146

Maryse Vaillant • Range ta chambre ! - n°8137

Paul Wilson et Tania Wilson • Mère calme enfant calme - n° 7330

Nature et loisirs

Sarah Callard • Le grand guide de l'écologie - n° 7927

Sonia Dubois • La couture - n° 7144

John Fisher • Comprendre et soigner son chien - n° 7160

Virginia M. Friedman • Détachez tout vous-même - n° 8037

Daniel Gelin • Le jardin facile - n° 7143

Louis Giordano • Aux jardiniers débutants : 500 conseils et astuces - n° 7215

Marjorie Harris • Un jardin pour l'âme - n° 7149

Gilles Henry • Guide de généalogie - n° 8067

Marie-Françoise Loock • L'encyclopédie des trucs - n° 7928

Jean-Marie Pelt •
Des fruits - n° 7169
Des légumes - n° 7217

Roger Tabor • Comprendre son chat - n° 7153

Bienêtre

8411

Composition : Nord Compo
Achevé d'imprimer en Slovaquie
par Novoprint
le 4 juin 2013.
1er dépôt légal dans la collection : juillet 2007.
EAN 9782290355794

Éditions J'ai lu
87, quai Panhard-et-Levassor, 75013 Paris
Diffusion France et étranger : Flammarion